Elisabeth Schnabel

Unser Hund wird gut erzogen

Vom kleinen Tolpatsch
zum manierlichen Hausgenossen

Kosmos
Gesellschaft der Naturfreunde
Franckh'sche Verlagshandlung
Stuttgart

34 Farbfotos von H. Schnabel (30) und M. Ruffini-Marquis (4)

Umschlaggestaltung von Edgar Dambacher unter Verwendung zweier Dias von Foto-Franz Gorski (Seite 1) und H. Schnabel (Seite 4)

Fachtierärztliche Durchsicht: Dr. Schneider, München

Abb. 1 (Frontispiz). So nicht! – Ein zu hoch angebotenes Belohnungshäppchen läßt den Hund nicht sitzenbleiben –, er springt ihm ungeduldig entgegen.

CIP-Kurztitelaufnahme der Deutschen Bibliothek

Schnabel, Elisabeth:
Unser Hund wird gut erzogen : vom kleinen
Tolpatsch zum manierl. Hausgenossen / Elisabeth
Schnabel. [34 Farbfotos von H. Schnabel u. M.
Ruffini-Marquis]. – 3. Aufl. – Stuttgart :
Franckh, 1985.
(Kosmos-Hundebibliothek in Farbe)
ISBN 3-440-05248-6

3. Auflage
Franckh'sche Verlagshandlung, W. Keller & Co., Stuttgart / 1985

Printed in Italy / Imprimé en Italie / L 9 mm H rr / ISBN 3-440-05248-6
Satz: Bauer & Bökeler Filmsatz GmbH, Denkendorf
Herstellung durch G. A. Benvenuto, Trento, Italien

Unser Hund wird gut erzogen

Hundeerziehung – eine faszinierende Aufgabe

Die Erziehung eines Hundes bezweckt nicht nur, ihm angenehme Manieren beizubringen und ihn alle möglichen Fertigkeiten zu lehren. Das wichtigste Problem ist es, die Entwicklung seines Charakters so zu lenken, daß er sich problemlos in unsere Gemeinschaft einfügt. Als fröhliches, unbeschwertes Wesen ist er eine ständige Freude für seine Umgebung. Ein ängstliches Geschöpf, das sich selbst eine Last ist, kann hingegen eine Quelle für Ungelegenheiten und sogar ein Fall für den Hundepsychiater werden. Selbst der kleinste Schoßhund kann sich zu einem unerbittlichen Tyrannen entwikkeln, wenn man die Erziehung schleifen läßt.

Nicht nur der Mensch, auch der Hund ist eine Mischung aus den unterschiedlichsten Charakteranlagen – erwünschten und unerwünschten –, die sich gegenseitig beeinflussen. Jeder Hund ist anders. Auch ein erfahrener Erzieher sieht sich immer wieder vor neue Probleme gestellt. Deshalb kann es kein Patentrezept für *die* Erziehung der Hunde geben. Es können nur Ratschläge erteilt werden, die unter Berücksichtigung der Eigenschaften eines Zöglings individuell anzuwenden sind. Dieses fordert die Intelligenz und das Einfühlungsvermögen des Erziehers, und das macht die Sache so interessant.

Das Wissen um die natürlichen hundlichen Verhaltensweisen hilft ihm, eine befriedigende Beziehung zu seinem vierbeinigen Kameraden aufzubauen und zu pflegen. Wer den Hund versteht, kann auch seine Entwicklung richtig lenken.

Es gibt seltene Naturtalente auf diesem Gebiet. Die meisten Menschen bedürfen jedoch dringend der Information, wenn sie unnötige Fehler vermeiden wollen.

Eine gute Erziehung ist besonders wichtig, wenn von einem vierbeinigen Hausgenossen auch erwartet wird, daß er sich als Wächter und Familienschützer betätigt.

Die meisten Angehörigen großer und mittelgroßer Rassen sind dazu in der Lage und nicht nur die der anerkannten Schutzhunderassen.

So ist besonders das natürliche aggressive *Verhalten* – im Unterschied zum einstudierten beim Schutzdienst des Hundesports – eines eingehenden Studiums wert. Wie benimmt sich unser Hund in kritischen Situationen?

Noch wichtiger aber ist es, daß die Hundebesitzer lernen, was von den verschiedenen Verhaltensweisen ihrer Lieblinge überhaupt zu halten ist, damit sie sich – der Situation entsprechend – darauf einstellen können.

Dieses Buch soll Hundebesitzer beraten, die nichts weiter wollen als einen natürlichen, unbefangenen, seiner Umwelt angepaßten Kameraden, mit dem es sich problemlos leben läßt und der seiner Rolle als Schützer von Heim und Familie gerecht wird.

Voraussetzung für das Bewältigen dieser faszinierenden Aufgabe ist es, die zweckdienliche *Naturveranlagung* des Hundes durch Haltung und Erziehung zu fördern.

Probleme beim Welpenkauf

Die meisten Leute, die sich ein Hundekind aussuchen, handeln bei dieser Aktion rein gefühlsmäßig und bauen auf ihre glückliche Hand. Leider kann man auf diese Weise ziemlich hereinfallen. Meistens wünscht man sich in erster Linie einen möglichst schönen Hund. Über seine charakterlichen Qualitäten macht man sich nur wenig Gedanken. Für das spätere Zusammenleben sind diese aber sehr wichtig, besonders dann, wenn man sich von der Anwesenheit seines zukünftigen Hausgenossen ein erhöhtes Sicherheitsgefühl verspricht. Dies dürfte auf alle größeren Rassen zutreffen. Aber auch die Liebhaber kleinerer Hunde werden sicher mehr Spaß haben an einem gelassen-selbstbewußten als an einem unsicher-nervösen vierbeinigen Hausgenossen. Deshalb lohnt es sich schon, seinen zukünftigen Kameraden mit Sorgfalt auszusuchen.

Wo kauft man seinen Welpen?

Natürlich bei einem Züchter und bestimmt nicht im Versandhandel!

Die Arbeit der Züchter wird von den Hundevereinen sorgfältig überwacht. Die Zuchthunde werden überprüft und minderwertige Exemplare von der Zucht ausgeschlossen. Die Zuchtwarte beraten die Züchter bei der Partnerwahl und sind verpflichtet, den heranwachsenden Wurf zu kontrollieren.

Bei der wilden Hundezucht gibt es dies nicht. Oft stimmen nicht einmal die Abstammungspapiere. Die Gefahr, daß man sich einen schwächlichen oder gar wesensgestörten Welpen ins Haus holt, ist hier besonders groß.

Ein *Anfänger* in der Hundehaltung tut gut daran, sich vor dem Kauf eines Welpen mit dem Zuchtwart seines Bezirkes oder dem Zuchtbuchamt der gewünschten Rasse zu beraten. Die Anschriften sind beim Verband für das deutsche Hundewesen e.V., (Malinckrodtstr. 26, 4600 Dortmund) zu erfahren. Hier kann man feststellen, wo gute Würfe angeboten werden, und man verfügt über die nötigen Unterlagen, die es ermöglichen, nähere Informationen über die Elternhunde zu erhalten.

Werden Ansprüche in bezug auf *Schönheit* gestellt, achte man vor allem darauf, daß auch Mütter und Großmütter eine gute Zuchtbewertung vorweisen können. Die Väter sind fast stets hochdekorierte Hunde. Sie allein schaffen es aber nicht immer, eine ihnen ebenbürtige Nachzucht zu bringen. Die mütterliche Erbmasse spricht da auch ein Wörtchen mit.

Welpchens Zeit beim Züchter

Bei *großen* Züchtern werden die Welpen meistens in Zwingern aufgezogen. Es wird oft viel Geld investiert, um für die Kleinen eine komfortable Unterkunft zu schaffen. Aber selbst das geräumigste Freigehege bietet den Kleinen nicht genügend Möglichkeit für die notwendigen Aktivitäten. Es entfällt der Anreiz, auf Entdeckungsreisen auszugehen und zum erwünschten Austoben mit den Geschwistern. Sie langweilen sich und bleiben in ihrer Entwicklung deutlich zurück.

Sicher gibt es auch große Züchter, die den Erkenntnissen der Verhaltensforscher folgen und ihnen Rechnung tragen.

Im allgemeinen geht der Hundeliebhaber besser zu einem Züchter, der nur *eine* Zuchthündin hält, die einmal im Jahr einen Wurf hat.

Die Welpen einer Hündin, die mehr in der Familie lebt und an deren Kinderstube großer Anteil genommen wird, entwickeln sich für gewöhnlich besser.

Dort genügt es vollständig, die Welpen in einem kleinen Raum unterzubringen, in dem sie trocken und warm schlafen können. Ihre Ruhezeiten füllen den größten Teil des Tages. Etwa alle zwei Stunden, zu den Fütterungszeiten, dürfen sie für kurze Zeit in offenes Gelände – Garten, Hof oder Wiese. Dann stürzt der ganze Pulk mit viel Temperament und aufgestauter Energie ins Freie. Da wird wild gebalgt und gerangelt. Das gibt straffe Muskeln, ohne die ein schöner Hund nicht denkbar ist.

Die Kleinen haben dabei aber auch Gelegenheit, sich in ihrer Umwelt umzutun. Das Unbekannte reizt ihre Neugier, verunsichert sie oder wirkt auf den einen oder anderen gar furchterregend. Mit solchen Situationen muß ein kleiner Hund lernen, fertig zu werden – schon jetzt! Dies ist die Grundlage für seine spätere Tüchtigkeit.

So aufgewachsene Welpen sind im Alter von acht Wochen gleichaltrigen, im Zwinger aufgewachsenen Kameraden deutlich voraus, sind meist größer und kräftiger und bringen trotz schlanker Figur ein höheres Gewicht auf die Waage. In ihrer Statur sind sie dem Babyalter schon entwachsen.

Ein Hundeliebhaber, der sich später mit seinem Hund an Schönheitskonkurrenzen beteiligen möchte, tut gut daran, auf diesen Punkt zu achten. Für ihn ist es besonders wichtig, daß sein Welpe schon feste Muskeln entwickeln konnte, auf die bei der Aufzucht aufgebaut werden kann.

Auch im Wesen zeigen diese Welpen schon ein sehr differenziertes Verhalten, während Zwingerwelpen untereinander nur wenig Unterschiede in ihrem Betragen erkennen lassen, wodurch die Auswahl unter ihnen zum Glücksspiel wird.

In jedem Fall tut sich der Welpenkäufer mit Zwingerwelpen in der ersten Zeit viel schwerer, er muß mehr Zeit und Mühe aufwenden, wenn er seinen Hund brauchbar erziehen möchte.

Unsere Wissenschaftler glauben herausgefunden zu haben, daß diese Welpen später weniger intelligent und nicht so risikofreudig werden.

Im Vergleich zum Menschen durchläuft der Hund seine Kindheit geradezu in Windeseile. Ein acht Wochen junger Welpe entspricht in seinem Entwicklungsstand ungefähr dem eines etwa zwei- bis dreijährigen Menschenkindes. Wie sehr ein solches durch ungünstige Lebensumstände sowohl physisch als auch psychisch in seiner Entwicklung geschädigt werden kann, dürfte sich langsam herumgesprochen haben. Beim Welpen ist dies nicht anders.

Wann holt man seinen Welpen?

Es ist üblich, ein Hundekind im Alter von acht Wochen zu übernehmen. Manche Zuchtvereine verbieten eine frühere Abgabe sogar. Sind die Tierchen schon älter, muß unbedingt darauf geachtet werden, daß sie bereits ausreichend Kontakte zu Menschen hatten und zutraulich sind. Sonst kann es passieren, daß man sich einen Scheuling ins Haus holt.

Es ist dringend zu empfehlen, den Kleinen nur in der ersten Jahreshälfte ins Haus zu nehmen. Welpen, die zwischen Dezember und April auf die Welt gekommen sind, wachsen in die lichtvollen Monate hinein und entwickeln sich dann bestens. Auch für den Hundehalter ist es bedeutend weniger strapaziös, die kritischen ersten Wochen mit seinem neuen Gefährten in der wärmeren Jahreszeit zu verleben.

Umschau beim Züchter

Wer einen wirklich guten Welpen erwerben möchte, sollte sich zuerst einmal vorsorglich bei Züchtern umschauen.

Wie sind die Welpen untergebracht? Ist die *Unterkunft* sauber, oder kann man schon von weitem riechen, wer hier wohnt? Von Natur aus sind Hunde sehr reinlich. Schon die ganz kleinen Welpen sind bestrebt, ihr Nest nicht mehr zu beschmutzen, sobald sie dazu in der Lage sind. Man muß ihnen dazu nur Gelegenheit geben. Solche Welpen werden später leicht stubenrein.

Haben die Kleinen genügend *Auslauf* zur Verfügung, um tüchtig rennen und raufen zu können?

Wie ist ihr *Verhalten* gegenüber dem Betreuer? Unbekümmert, anhänglich, zurückhaltend oder gar schüchtern?

Kleine Wesensprüfung

Im Alter von sieben bis acht Wochen läßt sich bei gut gehaltenen Welpen schon recht deutlich erkennen, wie es um die *Grundzüge* ihres Wesens bestellt ist. Die Dreisten unterscheiden sich von den Vorsichtigen – die Unerschütterlichen von den Nervösen – die Wilden von den Zahmen – usw. Natürlich sind hier alle Zwischenstufen und auch Kombinationen möglich.

Diese Grundzüge des Wesens bestimmen die Art und Weise des Verhaltens und sind deshalb besonders wichtig.

Es ist nicht wünschenswert, daß die Mutter ständig mit ihren Welpen auf engem Raum zusammenlebt. Sie bedarf besten Futters und dringend Ruhe, wenn sie lange gute Milch haben soll. Auch für die Kleinen ist es viel besser, wenn ihre Mahlzeiten so unter Kontrolle sind und es keinen großen Mischmasch in ihren Bäuchlein geben kann. Sie werden auch selbständiger, wenn sie nicht ständig bei Mütterchen Schutz suchen können.

Unter dieser Voraussetzung entwickelt sich innerhalb einer Welpenschar schon sehr frühzeitig eine Art *Rangordnung.* Bei uns gab es in jedem Wurf einen Anführer, der bei jeder Gemeinschaftsaktion vorneweg marschierte. Stand z.B. ein Vorstoß in noch unerkundetes Gelände auf dem Programm, ging es im Gänsemarsch los, und immer war der gleiche Welpe an der Spitze. Auch wenn sich sonst etwas tat, was das Interesse der kleinen Gesellschaft weckte, war es dieser »Oberwelpe«, der die Vorhut machte. Das kann sowohl ein Rüde als auch eine Hündin sein.

Daß der Anführer in seiner Welpenschar die stärkste Persönlichkeit aufzuweisen hat, liegt auf der Hand. Durch geduldiges Beobachten kann er leicht aus der Schar herausgefunden werden. Allerdings muß dabei bedacht werden, daß es immer mal gute und weniger gute Würfe gibt und nicht alle Oberwelpen gleich tüchtig sein müssen.

Ob die Welpen ein gutes *Kontaktverhalten* gegenüber fremden Menschen entwikkeln konnten – sie sollten es unbedingt –, erkennt man unschwer an der Reaktion, die der eigene Auftritt auslöst. Gute Welpen stürzen im Pulk auf den Fremden zu. Oft springen sie sogar an ihm hoch, wenn er ihren engeren Heimbereich betritt. Da werden auch die Zaghafteren einfach mitgerissen.

Wer genauere Beobachtungen machen möchte, hält sich deshalb besser vorerst zurück, so daß die Kleinen einen weiteren Weg zu ihm hin zurücklegen müssen. Dann zieht sich das Feld etwas auseinander, und die Unbekümmertsten können sich qualifizieren.

Sollte dies nicht klappen, gehen wir in die Hocke und locken mit gutem Zuspruch und spielerischen Bewegungen der Hand. Auf den Welpen, der zuerst herankommt, ohne dabei eine deutlich demütige Haltung an den Tag zu legen, werfen wir unser erstes Auge.

Ein Hund – auch ein Welpe – ist immer bestrebt, interessante Wesen und Dinge zu beschnüffeln, vorausgesetzt allerdings, er bringt den nötigen Schneid dazu auf. Er bezieht nun mal seine Informationen hauptsächlich durch die Nase, und ein junges Geschöpf sollte besonders neugierig sein. Schon die Art und Weise, *wie* es sich dem Gegenstand, der seine Neugier erweckte, nähert, ist sehr aufschlußreich.

Ein ordentlicher Welpe sollte dem Gegenstand seines Interesses ruhig und unbeirrt zustreben. Er hat Zivilcourage und gute Nerven.

Solche, die sich absolut gleichgültig verhalten oder gar zurückweichen, dürften nicht die Besten sein.

Bellend auf einen Ankömmling Zustürzende sind nicht etwa scharf und wollen ihr Territorium verteidigen – wie nur zu oft fälschlich angenommen wird. Sie befinden sich gerade in einer beunruhigten Gemütsverfassung und gehören lediglich dem leicht erregbaren, etwas nervösen Typ an.

Schärfe und *Abwehrbereitschaft* zeigen sich nur in einer Situation, in welcher der Hund etwas zu verteidigen hat. Es ist aber nicht die Aufgabe eines Welpen, das Familienterritorium zu verteidigen. Die Instinkte hierzu sind zu diesem Zeitpunkt noch gar nicht entwickelt und das mit gutem Grund – im Gegenteil!

Als unsere »Lady« einmal – unmißverständlich böse und drohend – an unserem Gartenzaun bellte, verschwanden alle ihre drei Welpen, die sich – zufällig weit verstreut – im Garten aufhielten, wie der Blitz in Deckung. Dies war offensichtlich eine reine Instinktreaktion. Eine gegenseitige Beeinflussung war ausgeschlossen. Hier war Gefahr signalisiert worden, und dann haben Welpen vernünftigerweise zu verschwinden: Bellte »Lady« aber mal normal, ohne große Emotionen, ließen sich die Kleinen nicht in dieser Weise beeinflussen. Sie liefen dann womöglich noch neugierig hinzu. Das Bellen ist eben eine sehr wandlungsfähige Ausdrucksweise.

Testmöglichkeiten

Sie bestehen darin, die Welpen mit irgendwelchen unbekannten Gegenständen zu konfrontieren. Es ist deshalb zu empfehlen, einige Dinge zum Züchter mitzubringen, die geeignet sind, die Aufmerksamkeit der kleinen Gesellen zu erregen. Ein nicht zu großer Ball, ein kleines Spielzeug aus Folie zum Aufblasen, ein fahrbares Holztier, eine Klingel o.ä. werden gerne zur Kenntnis genommen. Auch ein nicht zu kleiner Kalbsknochen und ein alter Lappen zum Daranzerren können nützlich sein.

Diese Dinge werden *vorsichtig* in den Gesichtskreis der Kleinen gebracht. Es wäre im höchsten Grade unfair gegenüber dem Züchter, wenn die Welpen eingeschüchtert oder gar geängstigt würden. Deshalb rollt man einen Ball immer in der Richtung von den Kleinen fort, läßt den Brummkreisel nicht in ihrer unmittelbaren Nähe tanzen usw.

Hierbei ist auch zu berücksichtigen, daß die Welpen immer schüchterner werden, je weiter sie sich vom Zentrum ihres Lebensraumes entfernen. Es kann vorkommen, daß in dessen unmittelbarer Nähe, durch eine spontane Gemeinschaftsaktion, unserem schönen Plastiktier die Luft ausgeht, während 2o m weit entfernt sich keiner mehr herantraut.

Es muß versucht werden, die Entfernung so einzustellen, daß wenigstens einzelne es noch wagen, das Ding zu beschnüffeln. Für die Beurteilung spielt es natürlich eine Rolle, bis zu welcher Entfernung man damit gehen kann.

Die Kleinen haben nun verschiedene Möglichkeiten zu reagieren: Das Maß ihrer Zivilcourage läßt sich daran messen, wie nahe sie sich an das interessante Objekt herantrauen. Hierbei ist auch der Abstand vom näheren Heimbereich in Rechnung zu stellen.

Ob dieses Unternehmen ruhig-beherrscht, ungestüm-wild oder zappelig-nervös bewerkstelligt wird, gibt uns Einblick in ihre angeborene nervliche Veranlagung.

Es gibt aber auch Welpen, die so einer Sache kein Interesse abgewinnen können oder sich sogar lieber zurückziehen.

Selbstsicherheit und Nervenverfassung

Das sind zwei verschiedene Charakterzüge, die in unterschiedlichen Kombinationen vorhanden sein können. So kann ein ängstlicher Hund gute Nerven, ein relativ mutiger schlechte haben usw. Bei den vorhergehend erwähnten Proben läßt sich das gut erkennen, und wir wünschen uns natürlich ein möglichst unerschrockenes Bürschchen mit guten Nerven.

Verteidigungsbereitschaft

Auch sie kann bereits getestet werden. Sie ist für den Haushund besonders wichtig. Dabei wird der Welpe unserer Wahl ein wenig beiseite gelockt und ihm ein schöner saftiger Knochen gegeben. Dann wartet man ab, was passiert. Die Geschwister werden dem nicht tatenlos zusehen. Genießt unser »Knochenbesitzer« in seinem Clan hohes Ansehen, so genügt oft ein strenger Blick seinerseits, um die begehrlichen Mitbewerber in Schach zu halten. Das bedeutet, daß er sich seiner Sache sicher ist.

Auch ein ruhiges, dumpfes Knurren drückt noch keine große Beunruhigung aus. Je rabiater jedoch das Knurren wird, mit dem er seinen Schatz zu verteidigen sucht, um so mehr fühlt er sich der Lage nicht so ganz gewachsen. Und wenn ihm gar der Kragen platzt und er einem Kumpanen wütend an den Hals fährt, so ist dies einfach ein Akt der Verzweiflung. Seinen Knochen dürfte er damit los sein.

Natürlich ist es auch möglich, daß der Knochen sofort widerspruchslos aufgegeben wird. Jeder Welpe wird, je nach Rangstellung, etwas anders reagieren. Uns aber gibt dieses Verhalten Aufschluß über seine Rangstellung und Wehrbereitschaft. Sollten die Welpen allerdings gerade pappsatt sein, funktioniert die Sache möglicherweise nicht. Solche Tests haben wir mit unseren Welpen erfolgreich durchgeführt. Sie hatten schon allerlei erlebt, bevor sie in private Hände kamen. Es ist möglich, daß man bei Zwingerwelpen damit nicht zu Rande kommt. Diese verhalten sich meistens indifferenter, kommen weder spontan heran noch laufen sie davon. Sie sind in ihrer Entwicklung noch nicht soweit. Erst, wenn man sie in eine für sie fremde Umgebung bringt, zeigen sich Unterschiede im Betragen.

Einem Züchter kann dieses Verhalten natürlich nur recht sein. Für den Käufer wird die Wahl aber zum Lotteriespiel. In jedem Fall muß und darf er sich reichlich Zeit nehmen, um die Welpen gründlich beobachten zu können. Jetzt nämlich entscheidet es sich, ob er viel oder wenig Arbeit bei der Aufzucht hat und wie tüchtig der Hund später einmal sein wird.

Der Kauf sollte erst dann abgeschlossen werden, wenn es gelungen ist, sich mit dem in Frage kommenden Welpen richtig anzufreunden. Dazu ist es auch notwendig, daß man mit ihm einen kleinen Spaziergang unternimmt. Die Anwesenheit des bisherigen Betreuers ist dabei eine gute Hilfe. Erst, wenn der Kleine Vertrauen gefaßt hat, sollten wir die Heimreise antreten.

Welchen Hundetyp soll man wählen?

Der Hundefreund, dem es in erster Linie darauf ankommt, sich einen *guten Kameraden* ins Haus zu holen, tut gut daran, einen ruhigen und unbefangenen Welpen auszusuchen. Er wird sich schnell in die Familie einfügen, reizend mit kleinen Kindern sein, liebenswürdig zu Freunden des Hauses, selbstbewußt und nicht aggressiv im Umgang mit anderen Hunden – ohne jedoch einer Konfrontation auszuweichen –, aber mißtrauisch und u.U. abwehrend gegenüber mißliebigen Gestalten. Ein selbstbewußter, nervenfester Hund wird in kritischen Situationen einen kühlen Kopf behalten, in der Abwehr nur so weit gehen, wie es die Umstände erfordern, und nur im äußersten Notfall ernstlich angreifen. Es wird selten notwendig sein!

Einem solchen Hund kann man unbesorgt viel Freiheit gewähren, denn er wird sich auch hundeängstlichen Gemütern gegenüber besonnen verhalten und unsere Haftpflichtversicherung nicht strapazieren. Er bellt nicht übermäßig viel, aber die Chance, daß er den nächtlichen Einbrecher meldet, ist bei ihm größer als bei einem überlebhaften Typ, der meistens dank seiner Bellfreudigkeit für besonders wachsam gehalten wird.

Voraussetzung für solch ein Verhalten ist allerdings auch eine gute Erziehung!

Für den *Leistungssport* hingegen eignet sich zweifellos ein lebhafter Hund besser. Er zeigt auf dem Übungsplatz eine flotte Unterordnung, ist in der Regel – dank seiner Bewegungsfreudigkeit – auch dann noch einigermaßen über die Fährte zu bringen, wenn sein Spürtrieb einige Wünsche offen lassen sollte. Beim Schutzdienst gibt es meist wenig Schwierigkeiten mit dem Verbellen und Auslassen, was bei selbstbewußten Hunden wertvolle Punkte kosten kann.

Auch im Ring bei den Schönheitskonkurrenzen zeigt sich ein lebhafter Hund besser als sein Kollege mit ruhiger Gemütsart. Kein Wunder, daß dieser Typ von den Züchtern bevorzugt wird.

Ein erfahrener, autoritätsbewußter Führer wird aber auch den lebhaften Typ zu einem vorbildlichen Haus- und Schutzhund erziehen können. Diesen Burschen ein gesittetes, gesellschaftsfähiges Betragen beizubringen ist oft gar nicht so leicht. Sie sind zwar sehr gelehrig und keineswegs unfolgsam, aber unbeherrscht. Ihnen muß die Disziplin, die der ruhige Typ von Natur aus mitbringt, erst beigebracht werden. In kritischen Situationen verliert man daher leicht die Kontrolle über sie.

Da muß nun jeder Welpeninteressent selbst wissen, ob er vornehmlich einen zuverlässigen Familienhund wünscht oder ob ihm mehr an Erfolgen im Hundesport gelegen ist.

Formalitäten beim Welpenkauf

Bei den Zuchtvereinen kann man Formulare für den Hundekauf erhalten, in denen alle Rechte und Pflichten der Vertragspartner festgelegt sind. Beim Welpenkauf werden sie selten benutzt.

Bei Zwingerwelpen ist es empfehlenswert zu versuchen, ein kurzfristiges *Rückgaberecht* auszuhandeln für den Fall, daß sich der Kleine nach dem Milieuwechsel als überängstlich und scheu erweist. Dies ist besonders dann ratsam, wenn keine Möglichkeit besteht, den Welpen vor der Übernahme auf sein Wesen zu testen.

Abb. 24. *Wechsel des vorsitzenden Hundes zur linken Führerseite:* 1. Phase: Rechte Hand mit Häppchen lockt den Schüler an der rechten Seite vorbei nach hinten.

Kleine für jedwede Unterhaltung besonders empfänglich. Später verlegen wir sie zuerst in die nähere, vertraute Umgebung und nach und nach in entferntere, unbekannte Gegenden. Dies fordert dem Hund zunehmend mehr Disziplin ab. Eine ruhige Umwelt belastet ihn weniger als viele starke Ablenkungen.

»Bleib da!«

Ein sehr nützlicher Lehrstoff ist auch das *Sitzenbleiben.* Hier gehen wir folgendermaßen vor: Unser Hund sitzt vor uns. Mit dem sehr gedehnt, aber bestimmt gesprochenen Hörzeichen *»Bleib da!«* gehen wir ganz langsam rückwärts – zunächst nur wenig. Zur Unterstützung können wir noch vor uns einen Arm ausstrecken und so – die offene Handfläche dem Kleinen zugekehrt – eine

Abb. 25. 2. Phase: Das Bröckchen wandert hinter dem Rücken aus der rechten in die linke Hand zur linken Führerseite. Den Kleinen zieht es förmlich mit.

Abb. 2. Besuch beim Züchter. So trägt man einen Welpen: rechte Hand unter den Po, die linke hält die Vorderpfötchen.

Jeder Züchter ist verpflichtet, mit den Welpen eine erste *Wurmkur* durchzuführen. Die erste *Impfung* gegen Staupe, Hepatitis, Leptospirose und Tollwut wird gewöhnlich zwischen der 7. und 10. Woche vorgenommen. Dabei erhält der Hund einen Impfpaß.

Vor der Abgabe werden die Welpen *tätowiert.* In ein Ohr wird eine Nummer eingestanzt, die auf der Ahnentafel eingetragen wird. So können die Hunde jederzeit identifiziert werden.

Erst nach erfolgter Tätowierung und der Begutachtung durch den zuständigen Zuchtwart kann der Züchter seine Wurfmeldung beim Zuchtbuchamt seiner Rasse einreichen. Daher dauert es meistens eine Weile, bis er den Käufern seiner Welpen die Ahnentafeln aushändigen kann.

Hilfen für die physische Entwicklung

»Der Züchter macht den Welpen – der Aufzüchter macht den Hund«, so sagt man! Es soll damit zum Ausdruck gebracht werden, daß für erbliche Eigenschaften die Züchter verantwortlich sind, für erworbene hingegen die Aufzüchter, als die ja auch die Züchter in den ersten Lebenswochen der Welpen fungieren.

Dies trifft sowohl für körperliche Merkmale zu als auch für charakterliche. Ein vollkommener *Körperaufbau* – das Resultat glückhafter Zucht – ist die Voraussetzung für einen Siegerkandidaten. Er allein genügt aber nicht für einen Titel. Erst die vollendete Haltung in Stand und Bewegung bringt Pokale. Um diese zu erreichen, ist zusätzlich eine straffe Muskulatur erforderlich, die der junge Hund erst noch erwerben muß.

Körpertraining

Ein qualitätvoller Welpe bringt schon eine gute Bänderfestigkeit mit. Schlechte Aufzuchtbedingungen können es aber leicht zuwege bringen, daß er später einmal in diesem Punkt schlechter bewertet wird als sein Kamerad, der – von Natur weniger gut veranlagt – unter günstigeren Bedingungen aufwachsen konnte.

Es ist daher von größter Wichtigkeit, daß die Muskeln der Heranwachsenden mit allen Mitteln gestärkt werden. Eigentlich sollte dies selbstverständlich sein, aber die Erfahrung lehrt, daß viele Hundehalter sich hierüber nicht im klaren sind und diese so wichtige Zeit – sei es aus Unwissenheit, sei es aus Bequemlichkeit – ungenutzt verstreichen lassen. Es könnten viel mehr Hunde mit schönen Prädikaten auf den Ausstellungen bedacht werden, wenn der Jugendentwicklung mehr Gewicht beigemessen würde.

Der kleine Hund, der für gewöhnlich im Alter von acht Wochen in seine neue Familie aufgenommen wird, hat einen enormen *Bewegungsdrang*. Ihn unterdrücken zu wollen wäre ein grober Fehler.

Man bedenke, daß die Jungtiere der Hundeartigen in freier Wildbahn weit über die Säugezeit hinaus beisammenbleiben und so Gelegenheit haben, ständig in fröhlichen Balgereien ihre Muskeln zu trainieren, um sich für den späteren Lebenskampf gut zu rüsten. Dieses »Spiel« erfüllt also eine wichtige Funktion.

Für Hundefreunde, die auf die Schönheit besonders großen Wert legen, ist es daher sehr zu empfehlen, zwei Geschwister-Welpen zu erwerben und gemeinsam aufzuziehen, besonders, wenn man sich um die Kleinen selbst nicht allzuviel kümmern kann.

Man wird sehen, daß immer ein beachtliches Balgepensum auf dem Tagesprogramm steht. Die Kleinen jagen und raufen miteinander in wilder Begeisterung, wobei es oft recht rauh zugeht. Gerade diese Balgereien, bei denen sie sich aufs äußerste anstrengen, sind geeignet, die Muskeln zu stärken und das Kraftbewußtsein zu fördern.

In diesem Fall erhöht sich für den Hundebesitzer die Chance, einen guten Hund zu bekommen, da man die endgültige Wahl noch etwas aufschieben kann. Viele Eigenschaften sind im Alter von acht Wochen ja noch nicht erkennbar. Für gut erzogene Junghunde finden sich immer leicht Interessenten.

Wir machten auch gute Erfahrungen damit, einem schon betagten Hund solch ein Welpchen zuzugesellen. Er lebte dann sichtlich noch einmal auf, und für uns war es ein großes Vergnügen, den wilden Spielen zuzusehen, wie der Kleine den Großen alle paar Stunden dazu »überredete«, und die wir dem Kleinen nie hätten bieten können. Diese Lösung ist jedoch nur ratsam bei absolut wesenssicheren Hunden, die sich in den Händen erfahrener Besitzer befinden.

Diese Lösungen kommen natürlich nicht für jedermann in Frage. Darum muß der Hundefreund, der nur *einen* Hund halten will, sehr darauf bedacht sein, seinem Schützling viel intensive Bewegung zu verschaffen. Am bequemsten ist es für ihn, wenn er für den Kleinen in der Nachbarschaft einen geeigneten vierbeinigen Spielgefährten gewinnen kann. Vertreter mittelgroßer Rassen, die aber nicht nervös oder ängstlich sein sollten, eignen sich besonders gut dafür. Täglich ein Viertelstündchen gespielt, hilft da schon viel. Auch auf den Übungsplätzen der Hundevereine können leicht passende Spielgefährten gefunden werden.

Sollten jedoch trotz aller Bemühungen für den Kleinen keine Spielgefährten zu finden sein, muß der Betreuer eben selbst um das »Gymnastikprogramm« bemüht sein, den kleinen Hund tüchtig rennen lassen und ein tägliches Raufvergnügen mit ihm veranstalten.

Im Galopp kräftigen sich vor allem die *Rückenmuskeln* und die Hinterhand des Hundes. Hinter fortrollenden Gegenständen saust der Kleine für gewöhnlich mit Begeisterung her. Kleine Kartöffelchen, deren Verlust zu verschmerzen ist, eignen sich besonders gut dazu. *Steine* sollten hingegen keinesfalls verwendet werden! Sie ruinieren die Zähne und könnten verschluckt werden.

Renngalopp *bergauf* stärkt die *Hinterhand.* Man werfe deshalb das Bringsel den Abhang *hinauf*! Der Kleine kommt dann anschließend in bedächtiger Gangart zu uns zurück, und das ist gut so, denn Galopp bergab kann abträglich auf die Festigkeit der

Vorhand wirken. Er wird vom Hund auch gemieden, wenn kein besonderer Anreiz dazu gegeben ist.

Bei spielerischen Raufereien braucht man nicht zimperlich zu sein, wenn der kleine Kumpan begeistert mitmacht. Passen Sie sich dem Grad der Widerstandsfähigkeit des Kleinen an. Er darf sich nicht unter Druck gesetzt fühlen.

In jedem Fall empfiehlt es sich, bei diesem Vergnügen einen Handschuh zu tragen. Die kleinen Zähnchen sind noch nadelspitz, und ihr beherrschter Einsatz muß erst noch gelernt werden.

Mit dem beliebten und nützlichen *Lauftraining* am Fahrrad darf man natürlich erst beginnen, wenn der junge Hund kräftig genug ist, was erst im Alter von etwa acht Monaten der Fall sein dürfte. Keinesfalls darf er dabei überanstrengt werden. Hierbei verfolgen wir verschiedene Ziele, die auch unterschiedliche Maßnahmen erfordern.

Als Training für ein kraftvoll-flüssiges Gangwerk, das bei Schönheitskonkurrenzen gefordert wird, müssen wir ein flottes Tempo anschlagen, damit der Hund weit ausgreifen muß. Dies ist natürlich nur auf ganz kurzen Strecken – beginnend mit etwa 10 m – möglich.

Als Ausdauerübung nehmen wir die Sache gemütlich, achten aber sorgfältig darauf, daß – bevor wir mit dem Training beginnen – die Rückenlage schon voll gefestigt ist. Ein loser Rücken würde durch dessen ständiges Schaukeln noch mehr geschwächt werden. Erst der voll ausgewachsene Hund sollte ernsthaft auf Ausdauer trainiert werden.

Ernährung

Sie ist ein anderes wichtiges Hilfsmittel bei der Aufzucht.

Mit Menge, Zusammensetzung und Anzahl der Mahlzeiten kann man die Entwicklung seines Hundes deutlich beeinflussen.

In den ersten Lebensmonaten macht sich eine sorgfältige Fütterung ganz besonders bezahlt, da man in dieser Zeit noch mit geringeren Quantitäten einen hohen Nutzungswert erzielen kann. Außerdem sind später Mängel, die auf Versäumnisse in diesem Punkt zurückzuführen sind, nur noch mit erhöhtem Aufwand oder u.U. sogar überhaupt nicht mehr zu beheben.

Ein Jungtier braucht vornehmlich Futter mit einem hohen Eiweißgehalt – also Fleisch, Fisch, Quark, gelegentlich ein Eigelb –, alles roh verabreicht.

Natürlich bekommt unser Hund kein Filetsteak. Preiswerte Innereien – außer Lunge, die ziemlich wertlos ist – sind ihm besonders bekömmlich. Rohe Leber, Milz und Lunge können auch Ursache für kräftigen Durchfall sein. Wohl dem, der sich beim Metzger Blättermagen besorgen kann. Dies ist der Hunde liebste Speise, sehr gesund und preiswert zu erhalten.

Dazu gibt es, der Vitamine und Mineralien wegen, gut zerkleinertes Rohgemüse und Kräuter: Karotten, Tomaten, Spinat, auch Gemüseabfälle, wie sie gerade in der Küche anfallen, auch Küchenkräuter, ja sogar Zwiebeln und Knoblauch. Dieses am besten im Mixer zerkleinerte Gemüse mischen wir unter etwas Hackfleisch oder Quark.

Vollmilch wird mit einer Beigabe von etwas Honig und weichen Getreideflocken meist gut vertragen. Täglich ¼ l genügt als kleine Mahlzeit. Bei dem oft empfohlenen Verdünnen der Milch mit 50% Wasser entsteht der Nachteil, daß der Hund unnötig viel Flüssigkeit aufnimmt. Für den Durst wird ihm frisches Wasser angeboten. Davon trinkt er, soviel er braucht; von verdünnter Milch schlappt er, solange es ihm schmeckt.

Getreidespeisen sollen auf dem Futterplan nicht fehlen. Für die Kleinsten genügt zunächst etwas trockenes Weizenvollkornbrot, grobe rohe Haferflocken unter Hack gedrückt oder später auch Brei aus Naturreis oder frischgemahlene Grütze aus Getreidemischung (Reformhaus), die man aufkocht und quellen läßt.

Ein gutes Kalk- und Knochenaufbaupräparat beugt Mineralstoffmangel vor.

Gelegentlich ein weicher roher Kalbsknochen trainiert das Gebiß, ist jedoch kein ausreichender Kalklieferant. Ein Zuviel an Knochen kann zu Verstopfung führen.

Kohlehydratreiche Dickmacher sind Weißmehlprodukte wie Weißbrot, Zwieback, Teigwaren u.dgl. sowie unzerdrückte gekochte Kartoffeln.

Schädlich sind Süßigkeiten und scharf gewürzte Gerichte.

Fertignahrung zu füttern ist natürlich sehr bequem und sicher besser, als den Hund wahllos mit Tischabfällen zu versorgen. Es dürfte aber wohl keine Frage sein, daß frische, ungekochte Nahrungsmittel natürlicher sind.

Fütterungstechnik

Ein Welpe, der eine hochwertige Kost erhält, kommt mit drei – höchstens vier Mahlzeiten aus. Er soll ja schlank, drahtig und bewegungsfreudig sein. Im Alter von einem halben Jahr gibt es dann zwei größere Mahlzeiten und ab einem Jahr nur noch eine täglich.

Die Qualität des Futters soll optimal mit einem hohen Fleischanteil – die Quantität jedoch knapp bemessen sein.

Die Futtermenge richtet sich nach seinem persönlichen Bedarf. Es gibt nun mal gute und schlechte Futterverwerter unter ihnen. Das muß halt ausprobiert werden.

Auf jeden Fall sollte die Futtermenge so bemessen sein, daß alles mit gutem Appetit sofort aufgegessen wird. Bleibt einmal etwas übrig, so wird der Rest sofort kassiert und bei der nächsten Mahlzeit die Ration gekürzt. Im Zweifelsfall ist es immer besser, eher etwas zuwenig als zuviel zu füttern. Aber klapperdürr sollte der kleine Kerl natürlich auch nicht sein.

Zeigt sich unser kleiner Freund übermäßig lebhaft und bellt mehr, als man ihm erlauben möchte, kann man versuchen, ihm durch eine Erhöhung des Futterquantums zu etwas mehr Gewicht zu verhelfen. Oft wird er dann ruhiger. Es sind in der Regel die feingliedrigen, eleganten Typen, die zu einer unruhigen Gemütsverfassung neigen.

Läßt er hingegen in seiner Bewegungsfreudigkeit sichtlich nach, sollte ihm eine Mahlzeit abgezogen werden. Meistens ist er nur zu schwer geworden und damit faul.

Das verlangt, flexibel sein zu können, um jeweils das Richtige zu tun. Sollte beim Heranwachsenden die Brustbildung zu wünschen übriglassen, verteile man das Futter so, daß tagsüber zwei kleine Mahlzeiten und abends eine recht große verabreicht werden.

Hingegen erhält ein Hund, bei dem sich die Brust zu stark entwickelt oder dessen Brustkasten tonnenförmig zu werden droht, seine Futterration auf noch mehr kleine Mahlzeiten verteilt.

Es empfiehlt sich, dem ausgewachsenen Hund seine Hauptmahlzeit gegen Abend zu geben. Anschließend pflegt er dann sowieso der Ruhe, und eine unnötige Belastung der Wirbelsäule wird vermieden. Auch sind nächtliche Störungen, weil er mal dringend raus muß, seltener als bei der meist üblichen Fütterung am Mittag.

Gesundheitspflege

Sorgfältige Ernährung und viel Bewegung in frischer Luft sind die beste Gesundheitsvorsorge – nicht nur für unseren Hund.

Bei vernünftig gefütterten Hunden braucht man über Appetitmangel nicht zu klagen. Sollte doch einmal das Futter verweigert werden, so plagen unseren Freund Verdauungsbeschwerden, oder er brütet eine Infektionskrankheit aus. Radikales Fasten-

lassen ist dann zunächst das Gebot der Stunde. Der Hund folgt seinem Instinkt, wenn er die Nahrungsaufnahme ablehnt. (Dies gilt nicht für Flüssigkeiten.) Er kann es viele Tage durchhalten, ohne zusammenzubrechen. Den dabei entstehenden Gewichtsverlust holt er überraschend schnell wieder auf, sobald der Appetit wiederkehrt. Dann beginne man zunächst mit kleinen, leichten Futtergaben und steigere die Menge nur langsam wieder auf das normale Maß. Viele Unpäßlichkeiten lassen sich auf diese natürliche Weise schnell beheben. Die Natur hilft sich da selbst.

Sollte jedoch eine Infektionskrankheit im Anmarsch sein, so erkennt man dies leicht, wenn man die Körpertemperatur im Darm mißt. Steigt das vorn eingefettete Thermometer über 39° C, sollte man besser den Arzt zu Rate ziehen. Die Körperwärme des gesunden Hundes beträgt normalerweise etwa 38,5° C.

Grundverkehrt wäre es, dem Hund in solch einer Krise das Futter aufnötigen zu wollen, womöglich den Liebling mit Leckerbissen zu verfolgen.

Auf diese Weise erzieht man sich leicht einen »Nörgelpitter«, über den man sich ein Hundeleben lang ärgert, weil trotz aller Mühe kein Prachtstück aus ihm werden will. Das ist psychologisch bedingt. In solch einem Dilemma wirkt oft ein zugesellter vierbeiniger Mitesser kleine Wunder. Konkurrenz belebt das Geschäft.

Fasten

Unser Hund gehört zu der Familie der Laufraubtiere, die sich ihre Nahrung oft mühsam beschaffen müssen. Nicht immer ist die Jagd erfolgreich. Aus diesem Grund sind sie darauf eingerichtet, auch einmal – oft tagelang – ohne Nahrung auskommen zu können. Das entlastet gleichzeitig die Verdauung, was für Fleischfresser wichtig ist. Für unsere Hunde ist es daher sehr nützlich und gesundheitsfördernd, wenn ihnen ein regelmäßiges Fasten verordnet wird.

Bei unserem Kleinsten fällt ab und zu einmal eine Mahlzeit aus, besonders dann, wenn er mal nörgelig wird. Die Heranwachsenden, über sechs Monate, sollten einmal wöchentlich einen halben Tag fasten – die Erwachsenen einen ganzen.

Wer dies nicht über sein Herz bringt, sollte wenigstens dann, wenn sich sein Liebling nicht mit dem gewohnten Elan über sein Futter hermacht, eine Mahlzeit kategorisch ausfallen lassen.

Magenbeschwerden

Dagegen helfen sich instinktsichere Hunde selbst, indem sie »Hundsgras«, das an Wegrändern üppig wächst, fressen. Anschließend würgen sie es dann meistens mitsamt gelbem Schleim wieder aus, was ihnen sichtlich Erleichterung verschafft. Es wäre töricht, dies zu unterbinden.

Körperpflege

Jeden Morgen säubern wir unserem kleinen Hund die Äuglein, falls sich Schleim gebildet hat. Zähneputzen, was auch manche Besitzer tun, halte ich für überflüssig. Schlechte Zähne sind eher eine Folge erblicher Belastung oder falscher Ernährung als mangelnder Pflege. Durch das Knabbern von weichen Kalbsknochen und harten großen Hundekuchen »putzt« sich der Hund seine Zähne selbst. Auf diese Weise wird auch die Entwicklung eines kräftigen Gebisses gefördert.

Fellpflege

Sie hingegen ist vordringlich. Tägliches Kämmen und Bürsten, das auch die Blutzirkulation wohltuend anregt, steht unbedingt auf dem Tagesprogramm.

Über das Thema »Baden oder Nichtbaden« gehen die Meinungen auseinander. Für Hundekinder sollte es auf der Verbotsliste stehen. Die Erkältungsgefahr ist zu groß. Später richtet es sich nach den Lebensumständen des Hundes und nach dem Hygienebedürfnis des Besitzers. Ein Hund, der im »Kohlenpott« lebt, wird sicher um ein gelegentliches Bad nicht herumkommen.

Für Hunde sollte normalerweise ein ausgiebiger Spaziergang im Regen für die Sauberkeit genügen. Anschließend wird er dann mit Zellstoff, der problemlos im Mülleimer verschwinden kann, tüchtig trocken gerubbelt. Bei längeren Schönwetterperioden kann zur Gießkanne gegriffen werden oder einfacher zu einem nassen Lappen, um nur den Staub zu entfernen.

Sicher ist, daß Seife dem Haar und der Wolle das natürliche Fett entzieht, das ja Schmutz und Nässe abstoßen soll. Es gibt jedoch spezielle Hundewaschmittel, die dem Rechnung tragen.

Besondere Hinweise

Eine gelegentliche Abreibung mit einem in Eukalyptusöl getränkten Wattebausch hält Ungeziefer fern – vor allem *Zecken.*

Wenn diese unerwünschten Gäste noch *sehr* klein sind, sobald man sie entdeckt, lassen sie sich meistens noch einfach ausreißen. Haben sie sich aber schon richtig festgesaugt, empfiehlt sich dieses Verfahren nicht mehr. Der Kopf könnte leicht in der Haut steckenbleiben und Entzündungen hervorrufen. Es wird geraten, die Zecke dann mit Öl zu betupfen, wodurch sie eingeht und leicht entfernt werden kann.

Der unschöne *Haarbruch* an der Halskrause wird nicht, wie oft vermutet, durch das Scheuern des Halsbandes hervorgerufen, sondern von Parasiten. Odylen® – nach Vorschrift angewendet – hilft, wenn es sofort angewendet wird.

Schwielen an den Ellenbogen entstehen nicht nur durch das Liegen auf harten Böden. Sie sind auch eine Hautkrankheit, die in ärztliche Behandlung gehört.

Auf ein besonderes Problem möchte ich hier noch hinweisen! Im Alter von etwa drei Monaten fangen manche Junghunde an, die *Rute* unkorrekt zu tragen. Es ist dies eine Haltungsunart, die nur kurze Zeit auftritt. Kritisch wird die Sache erst, wenn diese zur lieben Gewohnheit wird und die Rutenmuskeln in einer unliebsamen Haltung fixiert werden. Ist dieser Zustand erst mal erreicht, ist die Sache immer schwieriger zu beheben. Wenn jedoch der Hundebesitzer sorgsam aufpaßt – oft wird es übersehen – und sofort, wenn der Junghund damit beginnt, seine Rute zu kringeln, den angespannten Muskel in der Gegenrichtung – nur um die Verkrampfung zu lösen – zu entspannen versucht, wird er zuverlässig verhindern können, daß man sich später darüber ärgert. Haltungsfehler der Ruten beeinträchtigen die Schönheit erheblich.

Bei einfachen Hakenruten rollt man das Rutenende vorsichtig Wirbel für Wirbel nach unten ein. Bei seitlichen Ausschlägen verfährt man auf die gleiche Weise, nur muß hier die Rute in der Gegenrichtung leicht gedreht werden. Da zu diesem Zeitpunkt die Muskeln noch sehr dehnfähig sind, läßt sich die Behandlung durchführen, ohne dem Kleinen dabei weh zu tun. Oft genügt eine einmalige Behandlung. Sie muß aber wiederholt werden, wenn der Hund erneut auf seine Unart zurückkommt.

Wir konnten in wenigen Jahren mehrere V-Hunde vorstellen (das bedeutet bei der Richterbewertung ein »Vorzüglich«). Da bin ich oft gefragt worden, woran es wohl läge, daß wir so erfolgreich wären. Hier ist die Antwort:

Ein schöner Hund fällt uns nicht in den Schoß wie ein Treffer in der Lotterie. Es muß schon etwas dafür getan werden. So ist ein drahtiger, sportlicher Hund immer ein erfreulicher Anblick, selbst dann, wenn ihm der strenge Kritiker einige leichte Gebäudemängel ankreiden sollte. Wer aber kennt sich da schon so genau aus?

Hingegen ist ein Hund mit einem weichen Rücken und schlampigen Gangwerk wirklich keine Augenweide, und wenn der Gebäudeaufbau noch so tadelfrei sein sollte.

Seelische Betreuung

Nun soll unser kleiner Hund aber nicht nur schön – er soll auch wesensstark und tüchtig werden. So wünschen wir uns einen guten Familienhund.

Es ist Aufgabe des Erziehers, dafür zu sorgen, daß der Kleine Gelegenheit bekommt, ein gesundes Selbstbewußtsein aufzubauen und Risikofreudigkeit und Stehvermögen zu entwickeln. Diese Richtschnur läuft wie ein roter Faden durch die ganze Erziehungsarbeit.

Beziehungen

Für den Hund bedeutet seine *Hauptbezugsperson* eine sehr notwendige Stütze seiner Selbstsicherheit. Er braucht sie bis in sein hohes Alter. Ohne deren Anwesenheit ist er nur halb soviel wert.

Sowohl die Wesensart dieses Betreuers als auch seine Einstellung zu seinem vierbeinigen Kameraden sind mitbestimmend für dessen Wesensentwicklung.

In kritischen Situationen wird die Besonnenheit des Führers beruhigend auf das

Verhalten seines Hundes wirken. Das gleiche geschieht aber auch in unerwünschter Weise, wenn Unsicherheit im Führungsstil den Hund nervös machen.

Aber nicht nur die Wesensart des Betreuers, auch dessen Einstellung zu seinem jungen Hund wirkt sich auf dessen Entwicklung aus.

Wer nicht fähig ist, seinem Hund viel Zuneigung zukommen zu lassen, sollte lieber auf die Haltung eines Hundes verzichten. Das führt nur zu Ärger auf der einen und zu Kummer auf der anderen Seite.

Je vertrauensvoller der kleine Hund zu seinem Herrn und Meister aufschauen, je sicherer er sich unter seiner Obhut fühlen kann, desto größer ist die Chance, daß aus ihm einmal ein in jeder Beziehung angenehmer Hausgenosse und ggf. ein tüchtiger Schutzhund werden kann.

Ein despotischer Führer bekommt leicht einen unterwürfigen – ein unberechenbar aggressiver oder auch inkonsequenter einen unsicheren Hund.

Kritischer Milieuwechsel

Ein Hund – auch ein Welpe –, der eine totale Veränderung seiner Lebensumstände erleben muß, wird sich zunächst unsicher und unbehaglich fühlen.

Allerdings wird ein Neuling in der Hundehaltung u. U. von dieser Gemütsverfassung kaum etwas bemerken, wenn er einen im Wesen guten Welpen erwischt hat. Die Ausdrucksfähigkeit der kleinen Gesellen ist noch sehr gering. Das heißt aber nicht, daß es seine Erlebnisfähigkeit auch ist.

An überhöhter Aktivität oder auch unnatürlich ruhigem Verhalten – je nach Wesensart – erkennt der Fachmann, daß das seelische Gleichgewicht etwas aus den Fugen geraten ist. Welpen, die schon beim Züchter öfter mit Fremden Kontakt hatten, tun sich bei diesem Milieuwechsel leichter.

Zeigt sich der Kleine jedoch offensichtlich verstört, scheu, verängstigt, dann hat man keinen guten Griff in die Welpenkiste getan, und man sollte ernstlich in Erwägung ziehen, sich so bald wie möglich wieder von ihm zu trennen. Zwar wird der Welpe nach einer Zeit der Eingewöhnung seine Scheu in gewohnter Umgebung verlieren. Kritischen Situationen aber wird er sich auch später kaum gewachsen zeigen.

Solch ein Welpe macht viel mehr Mühe bei der Aufzucht als ein normales Hundekind. Aber trotz aller Anstrengungen wird er es höchstens zu einem passablen Wachhund und Leuteschreck bringen, aber nie zu einem brauchbaren Schutzhund.

Darüber hinaus ist zu bedenken, daß man über körperliche Mängel mit der Zeit hinwegzusehen vermag, Schwächen im Wesen jedoch, die in einem zaghaften oder gar feigen Verhalten zum Ausdruck kommen, einem – trotz aller Liebe – mit der Zeit zunehmend auf den Wecker gehen können, besonders bei einem Nurfamilienhund.

Die ersten Tage

Sie sind normalerweise die heikelsten in seinem jungen Leben, die der junge Hund mit uns verbringt. Er muß sich ja in einer völlig neuen Welt zurechtfinden lernen.

Besonders in der *ersten* Woche – aber auch noch in den folgenden – muß sich das Vertrauen zu seinen Leitpersonen entwickeln. Das geht nicht von heute auf morgen. Deshalb ist in dieser schwierigen Zeit alles zu unterlassen, was den Kleinen mißtrauisch oder gar ängstlich machen könnte. Schon jetzt kann es sich entscheiden, wie später einmal die Beziehungen zu seiner Menschenfamilie aussehen werden.

Auch für den neuen Hundebesitzer ändert sich einiges in seinem Dasein! Da muß die Wohnung welpenfest gemacht werden. Alle »gefährdeten Dinge« räumt man vorsorglich vorübergehend beiseite, elektrische Kabel sollten gesichert werden. Vorbildliche Ordnung wird es sicher in der nächsten Zeit nicht immer geben.

Ein Glück, daß solch ein Hundekind meist mit einem unglaublichen Charme ausgestattet ist! Die zärtlichen Gefühle, die ein solch kleiner Wicht normalerweise weckt, werden leider zunächst nur zu oft durch unerwünschtes Betragen arg strapaziert.

Da muß man sich unbedingt eisern am Riemen reißen und seinen Unwillen im Zaum halten. Man handelt sich selbst nur unnötige Schwierigkeiten ein, wenn man jetzt unbeherrscht reagiert. Zu einem »grollgeladenen« Führer kann er kein Vertrauen entwickeln.

Aufnahme ins neue Heim

Es ist ratsam – wenn man es sich so einrichten kann –, daß sich in der ersten Zeit vorwiegend die *gleiche* Person um den neuen Hausgenossen kümmert. Diese Rolle dürfte in den meisten Fällen der Frau des Hauses zufallen, die am ehesten die Möglichkeit hat, sich ihre Zeit zu Hause einzuteilen. Auch ist in dieser frühen Entwicklungsphase eine mütterlich empfindende Kontaktperson durchaus erwünscht.

Diese sollte den Welpen persönlich beim Züchter abholen. Nachdem sie sich dort schon eingehend mit ihm beschäftigt hat, nimmt sie ihn bei der Heimfahrt auf den Schoß und redet ihm beruhigend zu. So kann sich der Kleine schon mal mit Geruch und Stimme seiner künftigen Betreuerin vertraut machen. Daheim angekommen, wird er sich an diese halten.

Natürlich sollten sich alle Familienmitglieder um eine gute Beziehung zu dem Kleinen bemühen. Er soll ja einmal ein wohlgelittenes Mitglied der Familie werden. Aber bitte keinen »großen Bahnhof« für den Ankömmling! Er mag es nicht, daß man ihn gleich mit Sympathiekundgebungen überfällt. Das würde ihn nur einschüchtern. Viel taktvoller ist es, *ihn zunächst überhaupt nicht zu beachten* und es ihm zu überlassen, sich auf eigene Faust mit seiner neuen Umgebung vertraut zu machen. Man wartet also besser ab, bis er von sich aus Kontakte anstrebt. Der spätere Betreuer sollte sich immer bei ihm aufhalten.

Daß der erste Betreuer des kleinen Hundes auch immer die erste Geige in dessen Leben spielen wird, ist nicht gesagt. Der Heranwachsende hält sich später meist an die Person in der Familie, die sich am besten auf ihn einstellen kann und ihn mit natürlicher Autorität – die ihm ein Gefühl der Sicherheit vermittelt – zu führen versteht.

Das muß nicht der Futterspender sein – auch nicht unbedingt das Oberhaupt der Familie, wie gern geglaubt wird. Oft sind es sogar Jugendliche, die noch die unbefangen-natürliche Einstellung gegenüber Tieren haben und die durchaus in der Lage sind, diese Führungsrolle zu übernehmen.

Bei dieser Wahl spielt allerdings noch die Wesensart des Hundes eine Rolle. Ein harter Geselle sucht normalerweise einen starken »Herrn«, ein zartbesaiteter hält sich vielleicht lieber an ein sanftes Gemüt.

Es liegt aber auch beim späteren Hundeführer, seine Einflußnahme der Wesensart seines Schützlings anzupassen. Ein weicher Hund bedarf einer behutsamen Führung. Ein unbekümmert-dreistes Bürschchen kann schon mal einen Knuff vertragen, ja er braucht gelegentlich sogar mal einen.

Hundesportlern sei empfohlen, sich etwa vom 3. Lebensmonat an regelmäßig eingehend mit dem Kleinen zu beschäftigen und für seine ersehnte Unterhaltung zu sorgen. Das muß kein zeitraubendes Unterfangen sein, wenn es bewußt in das Tagesprogramm eingebaut wird. Allzuviel Ausdauer kann ohnehin noch nicht erwartet werden.

Unterbringung

Der Hund ist ein Rudeltier, das unbedingt geselligen Anschluß braucht. Das Leben in einer Gemeinschaft befriedigt sein Bedürfnis nach Sicherheit und stärkt damit sein Selbstbewußtsein. Unsere Wissenschaftler haben herausgefunden, daß manche Wölfe, die aus ihrem Rudel vertrieben wurden, zugrunde gingen, nicht etwa weil sie allein unfähig waren, sich zu ernähren, sondern weil sie das Alleinsein nicht ertragen konnten. Es war letzten Endes Existenzangst, die sie umbrachte. Gibt das nicht zu denken?

Darum darf man den kleinen Kerl, den man aus seiner schönen, wohlvertrauten Geborgenheit herausgerissen hat, zumindest in der ersten Zeit nicht mehr als unbedingt nötig allein lassen. Er sollte vorerst vollen Familienanschluß haben und im Hause leben dürfen.

Wird ein guter Familienschutzhund gewünscht, kann man es sich einfach nicht leisten, das kleine Kerlchen kurzerhand *allein* in einen Zwinger zu sperren, wie dies leider allzuoft üblich ist. Es wäre nicht nur herzlos, sondern vor allem »saudumm«, denn unter diesen Bedingungen kann der kleine Hund die von uns gewünschten Verhaltensweisen nicht entwickeln.

Für *Leistungssportler*, denen es in der Hauptsache darauf ankommt, auf den Übungsplätzen brillieren zu können, mag Zwingerhaltung vertretbar sein. Sie fahren vielleicht für ihre Zwecke wirklich besser mit einem Hund, der nur in einem beengten Gesichtskreis gehalten wird und ausschließlich auf seine Aufgabe eingestellt ist. Hier handelt es sich um einen Sport – um einen sehr reizvollen sogar.

Im privaten Alltag und in der Schutzhunde*praxis* sieht aber vieles anders aus.

Die fortschrittliche Zürcher Kantonspolizei ist sehr daran interessiert, hundeführende Beamten einsetzen zu können. Sie erteilt jedoch ihre Genehmigung für die Haltung eines Diensthundes nur dann, wenn sich der Beamte verpflichtet, den Hund in der Familie zu halten. Es wird sogar sorgfältig überprüft, ob die Voraussetzungen dazu auch gegeben sind, was ja nicht überall der Fall sein dürfte. Man hat für diese Maßnahme bestimmt wichtige Gründe.

Auch der *Familienschutzhund* muß zumindest in seiner frühen Jugend mit seiner Familie leben dürfen, damit er zu dieser die rechte Verbundenheit entwickeln kann. Für seine Einsatzbereitschaft ist dies wichtig. So lernt auch der Heranwachsende die Gemütsbewegungen seiner menschlichen Kontaktpersonen richtig zu erfassen. Diese nämlich beeinflussen u. a. das Verhalten des Hundes in einer kritischen Situation und nur durch das richtige Zusammenspiel von Mensch und Hund ist sein korrektes Verhalten möglich.

Unser zukünftiger Kamerad muß auch in jenem Territorium wohnen, das er später einmal bewachen und verteidigen soll. Er verteidigt nämlich nur das, was er als seinen eigenen Besitz empfindet.

Wo der Kleine schlafen möchte

Nun ist es ja nicht so, daß unser neuer, kleiner Hausgenosse den ganzen Tag durch unsere Wohnung sausen würde. In einem ruhigen Haushalt verschläft er noch den größten Teil des Tages wie ein Baby – *am liebsten zu unseren Füßen*. Wenn er dabei noch ein »Dach über dem Kopf« haben kann, ist er voll zufrieden. Er sucht instinktiv nach Deckung.

Die Zimmerecken unter meinem Toilettentisch, meiner Schreibplatte, meinem Liegesessel, ein offenes Schrankfach in der Küche sind z. Z. Klein-Monas Lieblingsplätze, wo sie auch niemanden stört. Ich habe sie immer gern unter Aufsicht!

Wird für das Kerlchen jedoch ein ständiger Ruheplatz gewünscht, so sollte er in einem kleinen Raum des Hauses sein, in dem sich der Welpe – wenn alleingelassen – geborgener fühlt als in einem großen Zimmer. Gut geeignet ist meist die Diele, aus der man für die erste Zeit vorsorglich den guten Teppich entfernt. Von hier aus wird er auch noch etwas am Familienleben teilnehmen können.

Als Lager genügt ihm fürs erste eine alte Wolldecke oder ein flaches Kissen aus derbem Stoff. Dies legt man am besten in einen reichlich großen – denn er wächst erstaunlich rasch – Karton. Dessen Seitenwände sollten gerade so hoch sein, daß sie den liegenden Hund überragen, ihm aber doch noch die Möglichkeit geben, seine Umgebung im Auge zu behalten. So ist er vor Zugluft geschützt, ohne allzusehr eingeengt zu sein. Geschlossene Hütten mögen sie nicht so gern.

Es wird oft empfohlen, das kleine Kerlchen an diesem Platz anzubinden. Das Kettchen – mit zwei drehbaren Wirbeln versehen – muß aber ziemlich kurz sein und etwa einen halben Meter hoch angehakt werden. Mit längeren Riemen verheddert sich der zappelige Irrwisch zu leicht, und wenn er dann in Panik gerät . . .!

Als praktisches Hundelager für die etwas älteren Semester, die aus dem »Reißdeibel-Alter« heraus sein sollten, eignet sich eine Schaumstoffmatte, die mit einem abwaschbaren Stoff bezogen ist (Baumwolle, mit Plastikbeschichtung, wie vornehmlich für Tischdecken verwendet – kein reines Plastik!). Sie kostet nicht viel, ist leicht zu reinigen, nimmt weder Geruch noch Feuchtigkeit an und ist bei Bedarf leicht mitzuneh-

men oder beiseite zu räumen. Da der Hund durch die Zunge schwitzt und nicht durch die Haut, ist dieses Material unbedenklich.

Es fördert die anzustrebende Verbundenheit ungemein, wenn der kleine Kerl in der ersten Zeit auf seinem Lager neben unserem Bett schlafen darf. Mit gutem Zureden und gelegentlichem Streicheln helfen wir ihm über das Angstgefühl des Verlassenseins hinweg.

Was aber kann geschehen, wenn man sich zu wenig um ein kleines Hundekind kümmert? Das erlebten wir mit unserem ersten Welpchen nach dem Krieg. »Barba« war eine kleine Schnauzerhündin.

Damals hatten wir einen großen Garten, und ich war ehrlich der Meinung, daß dieser tagsüber der passende Aufenthaltsort für das kleine Tierchen sei. Als Wachhund mußte sie ja draußen aufpassen, und das sollte sie von klein auf lernen.

So reagierte ich auch nicht auf ihre anfänglich penetranten Versuche, sich ins Haus zu mogeln. Heute schäme ich mich darüber.

Durfte sie dann abends ins Haus, tobte sie erst mal wie wild durch die Wohnung, was uns natürlich in unserer Ansicht bestärkte, daß sie drinnen nicht zu halten sei. In Wirklichkeit freute sie sich so unbändig, endlich zu uns ins Haus zu dürfen, daß sie dies Gefühl unbedingt durch eine kleine Raserei abreagieren mußte. Dies ist nun mal Hundeart. Entweder toben sie sich solch übermächtige Gefühle ab oder, wenn dies nicht möglich ist, »jubeln« sie sich mit erheblicher Lautstärke von der Seele, was keineswegs melodisch klingt. Damals haben wir dies nur nicht kapiert.

Wenn wir heute von einer Reise heimkehren, erleben wir jedesmal solch einen turbulenten Auftritt. Uns richtig zu begrüßen, sind die Hunde erst dann fähig, wenn sie sich zuerst einmal abreagiert haben.

Ständig im Haus gehaltene Hunde benehmen sich gesitteter.

Barba reagierte danach völlig folgerichtig. Sie machte sich bald – was blieb ihr auch schon anderes übrig – ausgesprochen selbständig. Bald fand sie einen Durchschlupf durch den Zaun, streunte herum und folgte überhaupt nicht. Wenn ich sie rief, konnte sie mir mit einer unnachahmlich arroganten Geste ihre Kehrseite zuwenden und mit einem verächtlichen Blick zurück in aller Ruhe verschwinden. Mich konnte dies geradezu zur Weißglut bringen. Sie bellte gern und viel, aber grundsätzlich nie dann, wenn sie ihre Aufgabe als Wachhund hätte erfüllen können.

Wir fanden daher, daß sie ein völlig unbrauchbarer Hund sei. Nie wäre uns der Gedanke gekommen, die Schuld an diesem Mißerfolg bei uns selbst zu suchen.

Zunächst hatten wir es versäumt, Barba zu Beginn ihres Aufenthaltes bei uns richtig in die Familie aufzunehmen, so daß sie keine Folgsamkeit entwickeln konnte und allzu

eigenständig wurde. Sie führte ihr eigenes vergnügtes Leben. Nur war dies eben nicht so ganz in unserem Sinne.

Außerdem kann man bei einem Hundekind noch keine Wächterinstinkte erwarten, da diese sich erst später entwickeln.

Wir trennten uns bald von ihr, und ich hoffe sehr, daß sie dann ein besseres Zuhause gefunden hat.

Erste Erziehungsaufgaben

Es sind zunächst vor allem drei Probleme, mit denen wir uns *vom ersten Tag an* auseinandersetzen müssen: Stubenreinheit – notwendige Verbote – Aufbau der Anhänglichkeit.

Stubenreinheit

Von Natur sind Hunde sehr sauber. Kleine Welpchen, denen man genügend Auslauf läßt, sind schon bestrebt, ihr Nest nicht mehr zu beschmutzen, sobald sie es verlassen können. Je größer ihr Aktionsradius wird, desto weiter entfernen sie sich von ihrer Lagerstätte, um die notwendigen Erleichterungen vorzunehmen. Es liegt am Züchter, diese löblichen Instinkte nicht verkümmern zu lassen.

Solche Welpen kann man nach wenigen Tagen stubenrein haben, sofern man diesem Problem die nötige Aufmerksamkeit widmet. Anderenfalls kann es erheblich länger dauern.

Am leichtesten fällt es dem kleinen Burschen, das Gewünschte zu erledigen, wenn er dies so nahe wie möglich bei seiner neuen Heimstatt tun kann und ihm sein Betreuer dabei getreulich Gesellschaft leistet.

Ihn einfach kurzerhand allein vor die Tür zu setzen ist wenig empfehlenswert. Man braucht sich dann nicht zu wundern, wenn entweder gar nichts passiert – dafür später

intern um so mehr – oder die Fußmatte als Clo benutzt wird. In Standortnähe fühlt er sich eben am sichersten.

So ist es von großem Vorteil, wenn dem Welpen für den Anfang – dies wird keine Lösung auf Lebenszeit sein – in unmittelbarer Nähe des Hauses ein passender Gras- oder Sandplatz zur Verfügung steht. Das vereinfacht das »Problem« beträchtlich, denn der Kleine »muß« ja noch sehr häufig. Daß der Rasen Schaden leidet, wird durch eine Dusche aus der griffbereiten Gießkanne über die »begossene« Stelle verhindert.

Hier bewährt es sich, wenn man den kleinen Wicht nachts unter Aufsicht hat. Wird er dann morgens unruhig, nimmt man ihn auf und bringt ihn an das vorgesehene Plätzchen. Die Angelegenheit dürfte dann wunschgemäß über die Bühne gehen. Der nötige »Druck« sollte vorhanden sein, und daß im Alter von 8-10 Wochen der Blasenschließmuskel noch nicht so bewußt funktioniert, hat eben auch seine Vorteile.

In der folgenden Zeit bringen wir dann das Kerlchen immer wieder an den Ort der vollbrachten Taten. Die dort aufsteigenden Düfte und die Gewohnheit animieren ihn zu weiteren.

Später ist es gut, den Kleinen anzuleinen, damit er sich während der Nacht nicht meuchlings zu unerwünschtem Tun davonmachen kann. Meine spottlustige Familie amüsiert sich köstlich darüber, daß Mutti ihre Nächte mit der Hundeleine um den Arm verbringt. Aber dies ist für diesen Fall der beste Wecker, der unbesorgt und nervenschonend schlafen läßt.

Melden tut sich der kleine Wicht zunächst natürlich noch nicht, und daher ist es Aufgabe seines Betreuers, dafür zu sorgen, daß er regelmäßig hinausgebracht wird.

Raus muß er immer *morgens als erstes und abends als letztes*, nach längerer Siesta, kurz nach den hoffentlich immer pünktlich servierten Mahlzeiten und nach fröhlichem Tobespiel, wenn er sich durch unruhiges Umherschnüffeln »verdächtig« macht.

Deshalb ist es wichtig, daß in den ersten Tagen möglichst immer die gleiche Person die Begleitung übernimmt. Sie muß sich auf diese Anzeichen einstellen und einen besonderen Sinn für »Gefahr« entwickeln, bis sich die Angelegenheit zuverlässig eingespielt hat.

Schon nach kurzer Zeit ist der kleine Kerl dann auch fähig, diese Funktionen zu beherrschen, und man muß nicht mehr ganz so oft mit ihm an die Luft.

In kritischen Phasen kann man sich auch dadurch helfen, daß man einen unsicheren Kantonisten an die Leine nimmt und ihn ggf. an einem Stuhlbein festlegt, wodurch man ihn besser unter Kontrolle hat.

Kleine Schlaumeier beginnen bereits im Alter von 10-11 Wochen damit, zu der entsprechenden Tür zu laufen, um ihre Bedrängnis zu signalisieren. Ein Belohnungshäppchen nach vollbrachter Tat kann nun hilfreich sein.

Abb. 3. Bei den ersten Ausgängen ist die Leine noch überflüssig. Der Kleine folgt aus angeborenem Anlehnungsbedürfnis.

Jetzt kommt langsam die Zeit, in der man ihn nach und nach daran gewöhnen kann, sich auch während der Ausgänge zu lösen. Den Garten darf er dann eine Zeitlang nur betreten, wenn er anderswo seine Geschäfte schon erledigt hat. Bald wird der schöne Rasen sauber bleiben.

Leider werden nicht überall Garten oder Hof für die Anfangszeit zur Verfügung stehen. Da kann man sich nur so helfen, daß man in allernächster Nähe ein passendes, vor allem ungestörtes Plätzchen sucht. Hier gehen wir eine Weile hin und her und lassen den Kleinen eingehend schnüffeln – er muß in Bewegung bleiben. Dauert es zu lange, machen wir zur Abwechslung einen kleinen Verdauungsspaziergang, kommen aber immer wieder zu demselben, hoffentlich bald vertrauten Örtchen zurück, um dort eine Weile zu verweilen. Sollte sich unser Nesthäkchen für einen anderen Platz entscheiden, soll dies natürlich respektiert werden.

Es gibt unbekümmerte Hundekinder, die uns wenig Schwierigkeiten machen. Zaghafte kleine Seelen aber können unsere Geduld schon arg strapazieren, besonders, falls sie bereits etwas älter sind, wenn sie in unser Haus kommen. Sie trauen sich einfach nicht, das muß man verstehen. In dieser Situation sind Hunde – und nicht nur sie – ziemlich wehrlos, und daher ist für sie Vorsicht geboten. (Instinkterbe der wild lebenden Vorfahren.)

Zieht es unser Schützling trotzdem vor, sich unbekümmert auf unserem schönen Teppich zu verewigen, darf er sich daheim eine Zeitlang nur in einem kleinen, teppichlosen Raum aufhalten, in den wir auch seine Schlafkiste stellen. Er liebt es nicht, wenn auf glattem Boden seine Pfoten von einer Pfütze umspült werden. Außerdem beschmutzt ein normaler Hund nur ungern seinen Schlafplatz und seine nähere Umgebung.

Wird in höheren Jahren einmal ein Hund »rückfällig«, so ist der Grund sehr häufig in Kümmernissen zu suchen, die sein Gemütsleben belasten.

Man mag sich vielleicht wundern, daß ich dieses Problem so eingehend erörtere! Aber man kann sich die allerschönsten Ungelegenheiten einhandeln, wenn es falsch angegangen wird. Man kann sich sogar die Beziehung zu seinem Hund dadurch gründlich verderben.

In unserem Bekanntenkreis haben wir leider mehrere solcher Fälle erlebt! Da wurden lange, leider aber erfolglose Spaziergänge unternommen. Nichts passierte! Daheim angekommen, ergoß sich der ersehnte Segen über den schönen Teppich – und das immer und immer wieder. Der menschliche Zorn über dieses Desaster ist nur zu begreiflich! Verständlich auch, daß man sich irgendwann wutentbrannt wie ein Habicht auf den kleinen Sünder stürzt, wenn er sich anschickt, in die Hocke zu gehen.

Daß man ihm auf diese Weise zu einem gewaltigen Schrecken verhilft, wird nicht bedacht. In freier Wildbahn handeln so nur Freßfeinde, und das endet meist tödlich.

Es ist ein Irrtum zu glauben, daß man ihm den *Ort* seiner Untat auf diese Weise vergrämen könnte. Für den kleinen Übeltäter ist es viel naheliegender, das Tun als solches mit einem schreckerregenden Ereignis in Verbindung zu bringen. Kein Wunder, wenn er »es« dann in menschlicher Gegenwart überhaupt nicht mehr wagt.

Auch Strafen nach vollbrachter Tat haben hier und überhaupt nicht den geringsten Sinn als Erziehungsmaßnahme.

Ausgewachsene Rüden werden viermal am Tage ausgeführt – Hündinnen wenigstens dreimal. Sollten einmal aus besonderen Gründen diese Termine stark überschritten werden müssen, empfiehlt es sich, den Hund am Vortag fasten zu lassen. Er kann dann viele Stunden durchhalten, ohne sich eine Blasenentzündung zuzuziehen.

Übrigens: falls doch einmal ein Malheur auf einem Teppich passiert, so muß die

Stelle unbedingt mit einem stark riechenden Desinfektionsmittel behandelt werden, um Wiederholungen zu verhindern.

Und noch etwas zu diesem Thema: Es gäbe sicher weniger hundefeindlich eingestellte Menschen, wenn die Hundebesitzer darauf achten würden, daß die *Gehsteige* nicht verunreinigt werden. Es ist wirklich kein großes Problem, solche »Ärgernisse«, die man ja nicht immer verhindern kann, auf den Fahrdamm zu befördern. Man könnte sich z. B. stets einen alten Briefumschlag einstecken, der, nachdem er als Schippe gedient hat, im nächsten Abfalleimer verschwinden kann. Ein Stein aus der Krone fällt einem dabei sicher nicht.

Eine andere Methode wäre, daß man sich ein Cellophantütchen über die Hand stülpt, das Corpus delicti faßt, das Tütchen zurückstreift und alles wohlverwahrt im Beutel hat.

An Spazierwegrändern finden sich meistens ein paar Blätter, unter denen diese unliebsamen Produkte aus den Augen verschwinden. Zum Glück sorgen – besonders im Sommer – fleißige Kleinlebewesen für deren rasche Beseitigung.

Folgsamkeit

Der Aufbau der Anhänglichkeit muß ebenfalls vom ersten Tag an in Angriff genommen werden. Sie ist die Vorbedingung für eine natürliche, zuverlässige Folgsamkeit.

Wohl die wenigsten Hundefreunde wissen, daß schon in den ersten Tagen, die ein Hund bei uns verbringt, der Grund für die künftige gegenseitige Beziehung gelegt wird. Ob der kleine oder auch große Hund hinter uns herläuft oder wir hinter ihm, entscheidet sich oft schon in dieser kurzen Zeit.

Voraussetzung für einen freudigen Gehorsam unseres Schützlings ist das vorbehaltlose *Vertrauen* zu seinen Bezugspersonen, das zuerst entwickelt werden muß.

In freier Wildbahn sind die Welpen der Hundeartigen instinktiv darauf bedacht, den Anschluß an die betreuenden Eltern nicht zu verlieren. Ihre Überlebenschancen würden sich sonst beträchtlich verringern. Dieser Instinkt dient der Erhaltung der Art und hat sich daher auch bei unseren domestizierten Hunden erhalten.

Für uns, die wir für den neuen Hausgenossen zunächst als Elternersatz fungieren, ist dies eine unwiederbringliche Chance, ihn auf ungezwungene Weise an uns zu binden. Dieser Instinkt ist naturgemäß nur eine kurz bemessene Zeit wirksam. Anschließend muß dann die Macht der Gewohnheit an seine Stelle treten.

Den Trieb, sich uns anzuschließen und sich möglichst in unserer Nähe aufzuhalten, bringt also der kleine Hund mit. Auf ihm läßt sich das zuverlässige Folgen gut aufbauen.

Alle Hundekinder, die ich großgezogen habe, waren in der ersten Zeit immer bestrebt, in meiner Nähe zu bleiben. Sie liefen von sich aus hinter mir her und paßten höllisch auf – selbst wenn sie eingeschlafen waren –, daß ich mich nicht heimlich entfernte. Zu rufen brauchte ich sie noch nicht.

Trotzdem ist es gut, schon jetzt den späteren *Lockruf* zu benutzen, damit der Kleine sein Herankommen mit diesem zu verbinden lernt.

Deshalb rufen wir ihn und gehen gleichzeitig von ihm fort. Dies ist ein probates Mittel, den Winzling zu uns zu locken. Streichelt man ihn dann, wenn er herangekommen ist – aber bitte nur an Kehle und Vorbrust –, wird er begeistert sein. So lernt er es von klein an, sich uns anzuschließen und bei uns zu bleiben – erst recht außerhalb des Heimbereichs!

Abb. 4. In-die-Hocke- und auch Rückwärts-Gehen ist ein Trick, um auch den Zaghaftesten herbeizulocken.

Dies ist eine der Grundlagen für die ganze Hundeerziehung; sie sollte schon vom ersten Tag an konsequent geübt werden.

In dieser frühen Entwicklungsphase können wir unseren kleinen Hund nur mit Lokken oder Überlisten dazu bringen, etwas nach unserem Wunsch *zu tun*, wie hier z. B. das Herankommen. *Auf Befehle spricht er einfach noch nicht an*; damit ist er überfordert. Er schaut dann nur verständnislos und verdattert, verkrampft sich und wird bokkig – wenigstens scheint das so. Dies ist aber keine Widerspenstigkeit, sondern beruht auf Mißtrauen, das der Befehler selbst bei ihm hervorgerufen hat.

Jetzt ein Exempel zu statuieren wäre natürlich ganz verkehrt. Hier hilft nur Diplomatie mit dem Ziel, dieses Mißtrauen wieder abzubauen. Ein »Leckerli« – eine Aufforderung zum Spiel – werden den Kleinen sicher bald auf Trab bringen.

Klüger ist es, in dieser Zeit von vornherein keinen strengen Befehlston anzuschlagen.

Auch wenn unser Freund später einmal unschlüssig sein sollte, ob er kommen soll oder nicht, ist es klüger, ihm eine Brücke zu bauen, indem wir uns zurückziehen, als die Affäre zu einer Machtdemonstration werden zu lassen.

Deren Ausgang kann ungewiß sein, und wenn wir die Runde verlieren, geht dies auf Kosten unserer Autorität, und das kann fatale Folgen haben. Auf dem diplomatischen Wege brauchen wir nicht unser Gesicht zu verlieren, wenn er mal nicht zum Ziele führen sollte. Trotzdem ist es natürlich wünschenswert, mit allen Mitteln zu versuchen, den Hund dazu zu bringen, daß er das von uns Gewünschte ausführt.

Hasche ihn nicht!

Leider ist es für unerfahrene Hundehalter viel näherliegend, einfach zu dem Hundekind hinzugehen und es zu greifen. Mit den eigenen Kleinkindern würden wir dies ja auch tun.

Auf kleine Hunde, für die wir zunächst ja noch Fremde sind und die sich ohnehin in einer labilen Gemütsverfassung befinden, muß dieses Verhalten sehr einschüchternd, wenn nicht gar erschreckend wirken. Viele von ihnen werden bestrebt sein, schleunigst das Weite zu suchen, wenn sich etwas so rasch frontal auf sie zubewegt. Das wiederum veranlaßt natürlich den »Einfänger« zu versuchen, den Kleinen zu überrumpeln, sieht er doch hierin die einzige Möglichkeit, seiner habhaft zu werden.

Wie geht das weiter? Nervöse, unsichere kleine Kadetten mögen es mit der Angst zu

tun bekommen und *handscheu* werden. Dann wagen sie es überhaupt nicht mehr, zu ihrem Betreuer zu kommen.

Clevere Bürschchen aber können bald dahinterkommen, daß es ein herrliches *Spiel* ist, davonzulaufen und ihren Betreuer zum Narren zu halten. Man kommt sich doch ganz schön blöd vor, wenn man hinter seinem kleinen Hund herrennen muß. Dabei ist er weder ungezogen noch boshaft. Er reagiert nur folgerichtig auf eine falsche Behandlung.

Dies ist aber noch das Wenigste. Zwar kann uns der kleine Kerl innerhalb des Hauses ja nicht entkommen. Wir verbauen uns jedoch damit die Möglichkeit, ihn auch außerhalb des Heimbereichs frei laufen lassen zu können, was zu einer guten Erziehung unbedingt gehört. Dies geht aber nur, wenn er zuverlässig zu uns kommt, sobald er gerufen wird. Bei einer Verfolgungsjagd im Freien würden wir zweifellos den kürzeren ziehen.

Dann kann es uns so gehen wie einst einer Bekannten von mir. Sie kreuzte einmal meinen Weg, als sie – außer sich vor Zorn – hinter ihrem kleinen Boxerjunghund herlief, der es meisterhaft verstand, genau die Distanz einzuhalten, die ihn für sie unerreichbar machte. Vielleicht hatte sie meine belustigte Miene bemerkt. Jedenfalls blieb sie schnaufend bei mir stehen und fragte händeringend, was sie nur tun solle? »Das Gegenteil von dem, was Sie jetzt machen: dem Hund davonlaufen!« Sie sah mich entgeistert an, tat aber dann doch zögernd, wozu ich ihr geraten hatte. Boxerchen stutzte und guckte dumm. Dann aber trabte es fröhlich hinter seiner Herrin her, und diese konnte es mit dankbarem Blick zu mir leicht einfangen. Vorher hatte sie es ja ungewollt gejagt.

Hier handelte es sich um einen noch sehr jungen Hund. Falsch erzogene ältere fallen auf diesen Trick nicht mehr so leicht herein!

Frontal auf uns zukommen

Diese Aufgabe fällt dem Bürschchen schon etwas schwerer und funktioniert erst, wenn es bereits volles Vertrauen gefaßt hat.

Wir erleichtern es ihm, indem wir uns rückwärts von ihm fortbewegen. Notfalls gehen wir in die Hocke – klatschen dabei vielleicht noch aufmunternd in die Hände. Das ist eine Eselsbrücke für den Anfang.

Natürlich darf mit Loben und Streicheln nicht gespart werden, wenn der Kleine

Abb. 5. Heißbegehrte, liebevolle Zuwendung!

wunschgemäß herankommt. Aber solch kleinen Wicht liebkost man ja ohnehin zu gern und sollte dies auch reichlich tun. Auch für Stimmkontakt ist er sehr dankbar.

Sollte sich einmal die Notwendigkeit ergeben, daß wir des Bürschchens schnell habhaft werden müssen, dann peilen wir einen Punkt an, der seitlich, etwas *neben* dem Hund liegt. Damit vermeiden wir das angstauslösende, aggressiv wirkende Frontal-auf-ihn-Zugehen. Wenn wir uns dann noch auf den Boden hocken, werden die meisten Hundekinder unbedenklich heranspringen.

Der Verzicht auf unsere imponierende Größe überwindet offenbar manche Hemmung. Der Kleine kann dann – nach einem Streicheln – in aller Ruhe gegriffen werden, ohne in ihm Panik auszulösen.

Gewöhnung an die Leine

Sobald das Hundekind soweit ist, daß es zuverlässig hinter uns herläuft, können wir es zuerst an ein leichtes Lederhalsband und dann an eine normallange Leine gewöhnen. Sie sollte nur dazu dienen, sein Davonlaufen zu unterbinden, was auch innerhalb des Hauses nützlich sein kann. Es kann sich dann z. B. nicht so ohne weiteres heimlich beiseite schleichen, um irgendwo etwas Unerwünschtes zu hinterlassen. Das passiert leicht, wenn unsere Aufmerksamkeit sich auf andere Dinge konzentriert, beim Fernsehkrimi beispielsweise . . . In solchen Fällen kann man die Leine samt Hund in der Hand halten oder am Stuhlbein befestigen.

In keinem Fall aber dürfen wir das Kerlchen an der Leine mit Gewalt zu uns heran-

Abb. 6. Ein schüchterner Hund macht beim Anlegen der Halskette anfänglich oft Schwierigkeiten. Da hilft es, neben ihm stehend, die Kette von der Seite überzustreifen. Alle Frontalbewegungen lösen bei unsicheren Hunden eine Ausweichreaktion aus.

ziehen. Sowie es sich an der Leine *sperrt*, lassen wir sie am besten einfach fallen. Meistens kommt es uns dann bald von allein freiwillig nach, wenn wir uns genügend weit von ihm entfernen. Wenn nicht, müssen wir versuchen, es auf andere Weise heranzulocken.

Haben wir erreicht, daß unser Schützling im engeren und weiteren Heimbereich stets hinter uns herläuft, dann nehmen wir ihn ohne Leine mit zu einem Ausgang.

Auf der Straße

Kritisch ist hier zunächst der Moment, wenn er das »traute Heim«, in dem er sich wohl und geborgen fühlen kann, verlassen soll, um sich in unbekannte Gefilde zu begeben. Falls er dazu noch zu schüchtern ist, kann man ihn die ersten Meter tragen und dann auf die Erde setzen. Zieht es ihn gleich wieder heimwärts, ist der Kleine noch nicht reif für diese Unternehmung, und wir müssen damit noch etwas warten.

Ist diese Klippe überwunden, wird er uns auf der Straße noch treuer an den Fersen kleben als zu Hause. Die fremde Umgebung mit den vielen neuen Eindrücken macht ihn unsicher, und das Kerlchen will uns ja auf keinen Fall verlieren. – Dies zur Beruhigung für ängstliche Hundlergemüter.

Mit einem anhänglichen Hund kann dies viele Wochen so gehen. Je eigenständiger und unternehmungslustiger er von Natur aus ist, um so eher wird er bereit sein, sich von eigenen Interessen ablenken zu lassen, was durchaus positiv zu bewerten ist.

Dann ist es an der Zeit, ihn auch außerhalb an die Leine zu nehmen. Am besten legen wir sie ihm erstmals an, wenn wir uns bei einem Ausgang auf dem Heimweg befinden. Dann strebt der Kleine ohnehin seinem Heimbereich zu, und es besteht kaum die Gefahr, daß wir ihn hinter uns her schleifen müssen.

Zum *Anleinen* locken wir ihn bei Bedarf mit einem »Leckerli« zu uns, wenn er freilaufend in der Nähe ist. Wir müssen ihn dabei so dirigieren, daß wir sein Halsband bequem fassen können, ohne ihn durch hastige Bewegungen zu erschrecken. Hundeplätzchen gehören bei Spaziergängen unbedingt in die Tasche.

Sehr zu empfehlen ist es, sich beim Sattler eine leichte etwa 0,7 cm breite und 2,5-3 m lange Leine anfertigen zu lassen. Mit ihr hat man den kleinen – und später auch den großen Hund zuverlässig unter Kontrolle. Trotzdem können wir ihm damit noch einige Freiheiten erlauben und ihn nach Herzenslust schnüffeln lassen, was nun mal ein großes Hundebedürfnis ist.

Unvermeidliche Verbote

Ein junger Hund folgt noch unbekümmert seinen Trieben und Instinkten. Sein Köpfchen steckt voller Unfug. Daß sein Tun und Treiben nicht immer unseren Beifall findet, ist nicht seine Schuld. Er weiß es nicht besser!

Vom ersten Tag an

Es muß ihm sofort klargemacht werden, was er *nicht* tun darf. Dies ist gleichzeitig für später die Grundlage der Erziehung zum *Gehorsam in kritischen Situationen*, die im Alltag immer mal vorkommen. Mit einem unerzogenen Hund können wir uns bei solchen Gelegenheiten manchen Ärger einhandeln.

Halten wir uns vor Augen, daß unser Welpe, solange er noch sehr klein und fremd bei uns ist, von uns weder erschreckt noch grob eingeschüchtert werden sollte. Die Versuchung ist groß, wie ein Ungewitter über ihn herzufallen, wenn wir ihn einmal in flagranti ertappen. Aber wir wünschen uns ja keinen mißtrauisch-unsicheren oder demütig-unterwürfigen Gefährten, was uns dann leicht passieren kann.

Glücklicherweise gibt es andere Wege: wir *verwarnen* das Bürschchen, wenn es sich *anschickt*, etwas Unerwünschtes zu tun. Dies erfordert allerdings eine ständige Aufsicht, die vorerst aber ohnehin unerläßlich ist.

Ob wir ein Warnwort benutzen: Pfui – Aus – Nein – Laß das! oder dgl. oder einfach einen drohenden Urlaut von uns geben, ist dabei ziemlich gleichgültig. Hauptsache, wir haben ihn fix parat; denn es kommt da oft auf den Bruchteil einer Sekunde an, wenn wir dem kleinen Strick zuvorkommen wollen.

Der Kleine versteht unsere Worte noch nicht. Er orientiert sich jedoch erstaunlich einfühlsam an dem Ausdruck unserer Stimme. In diesem Fall müssen wir sozusagen »knurren«. Reagiert der kleine Tunichtgut nicht auf unsere Warnung, geben wir mehr Nachdruck durch leicht erhöhte Lautstärke, was aber nicht in Geschrei ausarten sollte. Das wäre ein ungewolltes Eingeständnis von Führungsschwäche.

Die Nageperiode

Die größte Untugend, die in dieser Zeit häufig auftritt, ist das Benagen der unmöglichsten Gegenstände ... Stuhlbeine ... Teppiche ... Schuhe, und was sich so anbietet. Dies hängt mit dem unvermeidlichen Zähnekriegen zusammen und verliert sich wieder zu gegebener Zeit.

Unterlassen kann der Kleine das zwanghafte Nagen nicht, aber er vermag zu lernen, unsere guten Sachen zu verschonen. Man muß natürlich von Anfang an aufpassen und das Kerlchen nicht aus den Augen lassen, um rechtzeitig *knurren* zu können. Ein erlaubtes Nageobjekt ins Schnäuzchen gesteckt wirkt ablenkend und zufriedenstellend.

Jetzt müssen dem kleinen Untier zum Ausgleich viele Dinge zum Spielen zur Verfügung gestellt werden, an denen es ungehindert seine Zähnchen wetzen kann. Es ist da nicht wählerisch. Nur Vielerlei muß es sein. Neben kleinen Bällen und Kauknochen aus Büffelhaut werden auch viele Dinge akzeptiert, die eigentlich reif für den Abfalleimer sind: alte Pantoffeln, Handschuhe, alte Textilien zum Zerreißen, kleine Kartons zum Zerfleddern. Hauptsache: immer mal was Neues. Am besten, man richtet dem Kleinen einen eigenen Karton ein, in dem sein Spielzeug aufgehoben wird und aus dem er sich selbst bedienen kann. Immer mal wieder ein frischer kleiner Markknochen ist auch sehr begehrt.

Bei weichen Charakteren genügt oft schon ein einmaliges »Knurren«, um dem unerwünschten Treiben Einhalt zu gebieten. Ein dickfelligeres Bürschchen wird es noch mal versuchen. Oft fordert uns solch ein kleiner Tunichtgut geradezu heraus, um zu erproben, ob die Warnung auch immer erfolgt. Man sieht es an seinem frechen Blick, daß er uns auf die Probe stellen will. Dann dürfen wir natürlich keinesfalls die Zügel schleifen lassen, auch wenn wir geneigt sind, das Ganze humoristisch zu nehmen. Jetzt müssen wir sehr auf dem Posten sein, um schon dazwischenfahren zu können, wenn der Kleine *nur Miene macht,* etwas Unerlaubtes zu tun. Dies wirkt nun mal am besten.

Sollten wir einmal leider den richtigen Zeitpunkt verpaßt haben, oder unser Freundchen gibt sich trotz Verwarnung beispielsweise mit Hingabe dem Nagen an unserem Teppich hin, dann lösen wir ihm ruhig – aber bestimmt – die Zähne, fassen ihn am Nakkenfell und tragen ihn ein wenig beiseite.

Das demonstriert ihm unsere Überlegenheit. Im Wiederholungsfall können wir ihn auch *ein wenig* am Nackenfell schütteln. Das ist ein Verfahren, das in seine Welt paßt. Auch Hundeeltern zausen ihre Kinder ganz schön, wenn sie nicht parieren – aber nur dann! Disziplin muß nun mal sein. Verhauen oder anbrüllen würden sie sie aber nie – wie auch?

Diebereien

Unter ständiger Aufsicht wird man auf diese Tour auch die Neigung zum Klauen von vornherein unterbinden können, wobei der Naseweis gezielt in Versuchung geführt werden kann. Obwohl die allermeisten Hunde nicht zum Diebesgesindel gehören, ist es später besser, die Versuchungen aus dem Wege zu räumen. Der alleingelassene Hund könnte ihnen doch einmal erliegen, und wenn er dann gute Erfahrungen macht . . .

Das lästige Hochspringen

Dies ist eine Instinkthandlung, die Hundekinder auch an erwachsenen Artgenossen ausführen. Hierbei findet dieses Manöver meistens zur Begrüßung statt und dient neben kindlicher Kontaktpflege auch als Ergebenheitsbezeigung. Lassen die »Großen« das Ganze gelassen an sich geschehen, sind die Kleinen bald zufrieden. Eine nervösheftige Abwehrreaktion hat jedoch meistens zur Folge, daß die Kleinen erst recht aufdringlich werden, weil sie dann »gut Wetter« bei dem Ungnädigen machen wollen.

Zum Glück neigt nur ein kleiner Teil der jungen Hunde zu diesem Verhalten uns gegenüber. Sie sind aber imstande, diesem Vergnügen bis ins hohe Alter zu frönen, wenn wir falsch darauf reagieren. Vor allem darf man dabei nicht die Ruhe verlieren.

Im Alter von etwa drei Monaten kann es mit dieser Unart anfangen. Temperamentvolle Kerlchen möchten auf diese Weise ihre überströmende Wiedersehensfreude abreagieren.

Dann ist es das beste, sich rechtzeitig hinunter zu beugen und ein Willkommens-Streichelfest zu veranstalten. Hilft dies nicht, müssen wir leider ein Exempel statuieren. In einem passenden Moment, wenn der Kleine anstürmt, reißen wir ein Knie hoch und lassen ihn möglichst derb daran abprallen. Der für ihn dabei entstandene Schreck muß dann unbedingt mit einer ganz großen Knudelei beschwichtigt werden.

Noch stellt dieses Manöver keine großen Anforderungen an unsere akrobatischen Fähigkeiten. Später jedoch . . .

Es kann aber auch möglich sein, daß unser kleiner Hund an uns hochspringt, weil ihm eine Angst in die Knochen gefahren ist und er nun Schutz bei uns sucht. In diesem Fall darf natürlich nicht grob reagiert werden.

Hauptsache ist, daß diese Unart von vornherein *mit Gelassenheit* unterbunden wird – auch, wenn sie uns selbst zu diesem Zeitpunkt noch gefallen sollte. Jetzt gelingt dies noch leicht.

Weitere Unarten

Manche Hunde sind mit einem starken Beutetrieb ausgestattet und wollen alles, was sich von ihnen fortbewegt, fangen. So zwicken sie z. B. ihre Betreuer gern in die Fersen, was nicht gerade angenehm ist. Da heißt es, aufzupassen und rechtzeitig Front zu machen, am besten Stiefel zu tragen. Durch Zerrenlassen an Lumpen, alten Pantoffeln oder sonstigen weichen Gegenständen läßt sich dieser Trieb in vernünftige Bahnen ablenken. Der Sünder wird bald zufrieden sein.

Springt unser Hund an Tischen oder Kommoden hoch – steigt er auf *Polstermöbel* oder Betten –, »fliegt« er in hohem Bogen herunter. Kleine Hunde sind elastisch wie Katzen und Gummipuppen. Da braucht man nicht zimperlich zu sein.

Besser ist natürlich – wie immer – die erfolgreiche Vorwarnung.

Wenig erfreulich ist eine andere Erscheinung, die zum Glück nur selten auftritt, hier aber nicht unerwähnt bleiben soll. Es gibt kleine Hunde – besonders Hündinnen –, die bei einer Begrüßung eine feuchte Stelle auf dem Boden hinterlassen. Es handelt sich hier entweder um eine *übertriebene angeborene Subordinationsbereitschaft* von seiten des Hundes oder um eine zu starke menschliche Dominanz, die allzu großen Respekt auslöst.

Mit Blasenschwäche hat dies nichts zu tun, ist aber eine ausgesprochene Kinderschwäche, die sich später meistens verliert. Kleine Hunde signalisieren so ihre Tabustellung gegenüber großen Artgenossen. »Tu mir nichts – ich bin noch ein Kind«.

Da hilft es nur, die Art der persönlichen Beziehung zu überprüfen und betont auf Milde zu schalten.

Ein *aggressives Verhalten* des Winzlings ist in diesen Wochen noch nicht ernst zu nehmen. Ein Hundekind bis zum Alter von etwa drei Monaten darf sich noch manches herausnehmen, was später bestraft werden muß.

Sollte unser hoffnungsvoller Schützling beispielsweise knurren, wenn wir bei seiner Mahlzeit in seine Nähe kommen, dann halten wir ihm bei einigen folgenden Mahlzeiten die Schüssel, aus der er fressen darf. Das macht ihm sowohl klar, daß wir ihm nichts streitig machen wollen als auch, daß wir uns von ihm nicht einschüchtern lassen.

Unbedingt notwendige Autorität

Bei der Verbotserziehung geht es nicht nur darum, dem kleinen Hund einige Unarten abzugewöhnen. Sie ist auch das beste Mittel, um einen natürlichen, zuverlässigen Gehorsam aufzubauen. Der Hund lernt es, auf Befehle zu reagieren – der Führer, diese in angepaßter Weise zu erteilen.

Solche erzieherischen Maßnahmen führen um so eher zum Ziel, je weicher und nachgiebiger unser kleiner Schützling von Natur aus veranlagt ist. Harte, unternehmungslustige Bürschchen können uns schon einige Nüsse zu knacken geben. Sie dürfen und müssen von Anfang an härter – aber bitte niemals *zu* hart – angefaßt werden.

Der Erzieher muß selbst erproben, wie weit er dabei gehen kann, indem er sich an das individuell richtige Maß *herantastet.* Aus harten, risikofreudigen Jungtieren erwachsen später einmal die echten Schutzhunde, deren Anwesenheit uns ein Gefühl der Sicherheit vermittelt. Dies sei ein Trost für solche Leute, die sich gar zu sehr geplagt vorkommen.

Die Verbotserziehung ist auch die beste Möglichkeit für einen Neuling in der Hundeführung, das *Autoritätsbewußtsein* gegenüber seinem kleinen Lehrling aufzubauen.

Er braucht es, um seinen Hund später auch in kritischen Situationen überlegen und sicher führen zu können. Es muß unbedingt schon in dieser frühen Entwicklungsphase erworben werden. Jetzt ist die natürliche Bereitschaft zur Unterordnung beim Hund noch stark vorhanden. Sie ist eine wichtige Hilfe.

Auf diese ungezwungen-gewaltlose Weise lernt der Anfänger in der »Hundlerei«, auf seinem Willen gegenüber seinem zunächst kleinen – später großen Hund zu bestehen. Er muß allerdings auch fest entschlossen sein, diesen durchzusetzen. Das ist sehr wichtig!

Unser Hund mit seinem so unwahrscheinlich guten Einfühlungsvermögen, welches das menschliche bei weitem übertrifft, merkt sofort, ob wir es mit unserem Befehl unerbittlich ernst meinen, ob wir ihn etwa nicht ganz wichtig nehmen oder ob wir von dessen Richtigkeit selbst nicht so ganz überzeugt sind. Unbewußt und ungewollt teilen wir ihm dies mit der Art der Einwirkung mit. Dementsprechend reagiert unser Freund.

Wenn uns jedoch später einmal insgeheim Zweifel an unserem eigenen Durchsetzungsvermögen plagen, dann brauchen wir uns nicht zu wundern, wenn unser Gefolgsmann nur noch tut, was er selbst für richtig hält und was oft genug gar nicht so dumm sein wird.

Man soll nicht immer die Schuld beim Hund allein suchen, falls er mal nicht folgt. Auch kommen Befehle, die in Rage erteilt werden, meist nicht an.

Ein erfahrener Hundeführer verfügt in der Regel schon über genügend Autorität, um seinen Hund – und erst recht ein Hundekind – nach Wunsch lenken zu können. Anfänger können dieses Autoritätsbewußtsein schulen, indem sie bewußt die Verbotsübungen zu Hilfe nehmen. Man kann z. B. dem kleinen Hund einen Knochen zeigen, ihm aber auf die oben geschilderte Art verbieten, ihn sich sofort anzueignen. Erst, wenn er brav pariert hat, bekommt er ihn und wird dann natürlich sehr gelobt. Solche Gehorsamsübungen prägen sich viel nachhaltiger ein, wenn sie schon in früher Jugend geübt werden. Der noch ungeübte Hundebesitzer lernt dabei durch Erfahrung, wie weit er sich auf seinen Hund verlassen kann. In späteren Zeiten kann es nicht schaden, das Lernpensum gelegentlich aufzufrischen.

Für gewöhnlich ergeben sich im Alltag genügend Gelegenheiten, Tabus zu setzen und damit immer wieder die Führerautorität auszuüben. Das geht sogar über viele Jahre hin. Unserem oft sehr fantasievollen Zögling fällt im Laufe seiner Entwicklung genug neuer Unfug ein, den man ihm nicht durchgehen lassen kann.

Empfehlenswert und obendrein auch recht nützlich ist folgende Übung:

Nicht immer ist es wohl erwünscht, daß sich der kleine Kerl in unserer »guten Stube« tummelt. Andererseits möchte man ihn vielleicht auch nicht total aussperren. Dazu bietet sich folgende Lösung an: Vor dem Rahmen einer geöffneten Flurtür etwa 20 cm über Bodenhöhe wird ein leichtes Bambusstäbchen lose befestigt und dem Kleinen systematisch verboten, diese Sperre zu durchbrechen. Man verwarnt ihn, zunächst unmittelbar neben ihm stehend, dann von Mal zu Mal etwas weiter entfernt. Selbst unsere tüchtigen Schutzhund-III-Hunde respektierten zuverlässig dieses lächerliche Stäbchen, nachdem ihnen das beigebracht worden war. Durften sie dann doch auf Einladung ins Wohnzimmer, stiegen sie nicht etwa über dieses Hindernis hinweg, sondern schubsten es energisch mit der Nase zu Boden.

Bei einem Hundekind ist es wirklich kein Problem, sich durchzusetzen. Das dürfte auch Neulingen glücken, falls sie sich darum bemühen. Läßt man jedoch diese wichtige Entwicklungsperiode ungenutzt verstreichen, tut man sich später viel schwerer. Womöglich muß man dann zu einem Maß an Strenge greifen, das der Wesensbildung abträglich ist.

Sehr selbstbewußte Hunde können ihr Leben lang versuchen, sich bei Gelegenheit über ein Verbot hinwegzusetzen. Damit fordern sie ihren Herrn und Meister auf die sanfte Tour heraus, um seine Autorität – die sie sich im Grunde sehr wünschen – auf die Probe zu stellen.

Dann darf natürlich keinesfalls nachgegeben werden, sonst wächst uns unser Kame-

rad langsam, aber sicher über den Kopf. Auf die Dauer *kann* es sonst in einer Konfliktsituation zu einem dramatischen Auftritt kommen, kann – muß aber nicht.

Deshalb sollten von vornherein die notwendigen Verbotstafeln aufgestellt werden.

Strafen

Mit ihnen können wir keine Autorität aufbauen, sondern erreichen höchstens, daß der Hund vor seinem für ihn unberechenbaren Herrn das Fürchten lernt und damit grundlegend verunsichert wird. Das aber wäre ja das Gegenteil von dem, was wir erreichen wollen.

Schon seit langem ist wissenschaftlich erwiesen, daß Strafen, die der Untat nicht auf dem Fuß folgen, als *Erziehungsmittel* sinnlos sind, weil der Hund den Sinn der Aktion nicht begreifen kann.

Trotzdem schwören viele Hundebesitzer darauf, daß ihr Hasso . . . Bello . . . Armin genau wisse, wenn er etwas ausgefressen habe. Der ist eben klüger als andere! »Sie müßten sehen, wie schuldbewußt er sich zeigt, wenn er z. B. nach einem unerlaubten Ausflug nach Hause kommt!« So heißt es in schöner Übereinstimmung.

Diese Hundler irren! Das Verhalten, das sie für den Ausdruck des Schuldbewußtseins halten, ist in Wirklichkeit eine instinktive Geste der Unterwürfigkeit. In der Meute zeigen rangniedere Hunde dieses Beschwichtigungsmanöver angesichts der grimmigen Stimmung eines Vorgesetzten, um ein drohendes Gewitter von sich abzulenken. Auf diese Weise soll der Wüterich, der oft genug nur üble Laune hat, besänftigt werden. In der Hundesippschaft funktioniert dies auch meistens.

In der Mensch-Hund-Beziehung aber kommt es zu Mißverständnissen. Die drohende Haltung des »Herrn« genügt hier vollauf, um seinen Hund zu veranlassen, eine *demütige* Haltung anzunehmen, selbst dann, wenn er ein blütenreines Gewissen hat. Zwar kann er mit der Zeit lernen, das Heimkommen mit einer Tracht Prügel in Verbindung zu bringen, die er notgedrungen, wohl oder übel über sich ergehen lassen muß. Der Gedankengang jedoch, das vorangegangene Weglaufen mit der Strafe in Zusammenhang zu bringen, ist zu kompliziert für ein Hundehirn!

Jedenfalls konnte keiner der vorher erwähnten Hundler, die sich bei solchen Anlässen zu einem Strafgericht geradezu verpflichtet fühlten, berichten, daß das Ausbüchsen daraufhin aufgehört habe. Dies läßt sich nur verhindern, wenn die Möglichkeiten dazu aus der Welt geschafft werden.

Ein Erlebnis, das hierhin paßt! Eines Tages erwischte ich die kleine Barba, als sie gerade unserem Hühnerstall entstieg. Ich erstarrte! Es wäre nicht das erste Mal gewesen, daß sie eins der damals sehr wertvollen Eier verspeist hätte. Daraufhin kam Barba in devot-unterwürfiger Haltung zu mir, offensichtlich in Erwartung einer wohlverdienten Strafe. Ich buchte dies auch als Schuldbeweis. Nachher stellte sich jedoch peinlicherweise heraus, daß alle Eier vorhanden waren.

Umwelt-Probleme

Die Einführung unseres kleinen Hundes in unsere so gar nicht hundegemäße Welt sollte bald und vorsichtig und immer unter den Fittichen eines ihm Vertrauten vorgenommen werden.

Sorgsam beobachten wir seine Reaktion auf die verschiedensten Reize, mit denen er bei Ausgängen in Berührung kommt. Notfalls muß ihm geholfen werden.

So verrät uns der kleine Hund viel über seine Wesensart, seine Risikofreudigkeit, seine Nervenveranlagung.

Sollte z. B. unser Schützling bei einem Spaziergang vor irgend etwas »scheuen« – einem kurios geformten Baumstumpf vielleicht oder etwas, das sich seltsam bewegt oder ungewöhnliche Geräusche von sich gibt –, gehen wir ruhig auf diesen Gegenstand zu und machen dem Kleinen unter beruhigendem Zuspruch klar, daß nichts zu befürchten ist.

Im Wiederholungsfall wird sich der Hund immer besser zeigen. Er lernt es, mit solchen Eindrücken fertig zu werden. Er wird immer näher herangehen und ggf. weniger bellen.

Solche Erfolgserlebnisse sind für eine gute Entwicklung unbedingt nötig. Es wäre grundfalsch, den kleinen Kerl vor allen kritischen Situationen behüten zu wollen. Bei zaghaften Seelen muß man allerdings mit Vorsicht zu Werke gehen.

Solche Reizsituationen kann man natürlich auch gezielt arrangieren. Dieses sollte man oft genug tun. Wehende Tücher, klappernde Deckel, blinkende Lichter u. a. bieten sich dazu an. Der Schwierigkeitsgrad läßt sich nach und nach steigern, indem die

Entfernung verkürzt, das Reizobjekt in unbekanntes Gelände verlegt oder bei Dämmerung angegangen wird. »Sportkameraden« vom Verein helfen hier gern.

Im Alter von 3–5 Monaten sind die kleinen Hunde besonders neugierig und noch sehr unbefangen – sollten es wenigstens sein. Sie verlassen sich noch voller Vertrauen auf ihren Schutzengel in Gestalt ihres Betreuers. Es ist erstaunlich, wie gut die meisten bei diesen Erprobungen abschneiden, sofern sie gut gehalten werden.

Verkehrssicherheit

Auch an den Stadtverkehr sollte der kleine Hund bald und behutsam gewöhnt werden, selbst wenn er sein Domizil auf dem Lande hat.

Nachdem man vorbereitend zunächst weniger belebte Straßen aufgesucht hat – schon die fremde Umgebung allein belastet sein Gemüt –, führt man ihn in verkehrsreicheren Straßen, zuerst möglichst an lockerer Leine, an den Häusern entlang in Richtung *gegen* den Verkehr – also auf der linken Straßenseite. Nach und nach wechselt man dann zur Bordkante herüber. Später unternimmt man das gleiche in Richtung *mit* dem Verkehr.

Abb. 7. Ein Hund muß unbedingt *jung* an den Stadtverkehr gewöhnt werden.

Menschen und Fahrzeuge, die sich von hinten nähern, beunruhigen mehr als entgegenkommende. Auch hier darf der Schwierigkeitsgrad erst gesteigert werden, wenn sich der Kleine völlig gelöst und unbefangen zeigt. Dazu gehört es, daß er entspannt an locker geführter Leine zu laufen vermag. Solange er sichtlich »zieht«, beherrscht er die Situation noch nicht. Er möchte am liebsten das Weite suchen. Unter Umständen ist dann ein Rückzieher im Programm zu machen.

Autofahren

Selbst wenn wir nicht beabsichtigen, unseren Hund oft im Auto mitzunehmen, sollte er ans Auto gewöhnt werden, solange er noch klein ist. Das gehört einfach zum Schulpensum. Irgendwann müssen wir ihn doch einmal mitnehmen, zum Tierarzt, zum Übungsplatz usw. Ich wünsche niemandem einen in Panik geratenen großen Hund in seinem Wagen.

Autofahren dürfte für den Hund ein Erlebnis sein, das völlig aus dem Rahmen seiner naturgegebenen Welt fällt. Wo gibt es das schon, daß plötzlich das »Haus« ins Wanken gerät? Seine *erste* Reaktion entspricht seiner natürlichen Wesensart. Ruhige dreiste Typen zeigen sich zuerst oft höchst animiert, was fälschlicherweise meistens als Begeisterung gedeutet wird. In Wirklichkeit bringt dies Beunruhigung zum Ausdruck. Schüchterne verhalten sich oft unnatürlich ruhig. Leichterregbar-Ängstliche geraten in Verwirrung.

Der ruhigste Platz im Wagen ist zu Füßen des Beifahrers. Dort gehört der Neuling zunächst hin. Anschließend darf er auf den Schoß des Mitfahrers oder neben ihn auf den Sitz. Erst wenn diese Positionen gelassen, entspannt durchgestanden werden, darf er allein auf den Rücksitz oder in den Laderaum eines Kombis, wohin er »von Rechts wegen« gehört.

Manche Hunde regen sich beim Autofahren so auf, daß sie nicht still sitzen können. Dann ist es besser, wenn sich sein Betreuer gleich mit ihm auf dem Rücksitz etabliert, wo er mehr Bewegungsfreiheit hat.

Ein verkrampft geschlossener Fang ist ein Zeichen dafür, daß das seelische Gleichgewicht unseres kleinen Freundes etwas gestört ist. Er ist beunruhigt oder hat gar Angst. Erst wenn er fähig ist, den Fang leicht geöffnet zu halten, können wir sicher sein, daß er nicht mehr verunsichert ist.

Beim einen geht das schnell – beim anderen dauert es eine Zeitlang. Das hängt

von seinen charakterlichen Qualitäten ab. Nur nicht die Geduld verlieren, damit handeln wir uns nur Ungelegenheiten ein.

Auf die Dauer fahren die meisten Hunde mit Begeisterung Auto, wenn sie vorsichtig und frühzeitig an diese Unternehmung gewöhnt wurden. Ein schwerer Wagen ist natürlich von Vorteil, und man muß ja auch nicht mit Karacho in die Kurven fahren oder plötzlich stark abbremsen.

Sollte es unserem Hund trotz aller Vorsicht beim Autofahren schlecht werden, kann man ihm ein Mittel gegen Reisekrankheit geben. Das Quantum richtet sich nach seinem Gewicht.

Schußfestigkeit

Ratsam ist es ebenfalls, den Kleinen rechtzeitig an Schüsse zu gewöhnen. Geknallt wird immer mal irgendwo – spätestens an Silvester. So ist es gut, ihn schon beizeiten und unter Kontrolle mit diesen Geräuschen vertraut zu machen.

Es hat auch den Anschein, daß die Gehörnerven in früher Jugend noch nicht so überaus empfindlich sind wie später. Jedenfalls habe ich immer gefunden, daß Junghunde im Alter von weniger als fünf Monaten solche Erlebnisse viel leichter verkraften können als unerfahrene ältere.

Bei den meisten schuß-scheuen Hunden dürfte es sich weniger um einen angeborenen Fehler handeln als um eine durch einen Schrecken hervorgerufene Neurose, der es vorzubeugen gilt. Es kann z. B. passieren, daß auf einem harmlosen Spaziergang so ein Hund bei einem Knall kopflos davonrennt und verschwindet, weil er in seiner Verwirrung die Orientierung verloren hat.

Gewöhnung an Schüsse

Auf einem Gelände, das dem Kleinen schon etwas vertraut sein sollte, stellt sich ein Helfer in einer Entfernung von etwa 50 m auf und gibt laufend alle 10 Sek. einen Schuß aus der üblichen Schreckschußpistole ab.

Der Hundeführer geht ruhig in normaler Gangart auf den Schützen zu und begrüßt ihn. Der Hund läuft frei und soll in keiner Weise beeinflußt werden. Zwei- und vor allem vierbeiniges Publikum kann dabei unerwünscht ablenkend und störend wirken.

Und nun wird es spannend! Wie wird sich unser kleiner Schützling verhalten? Wie wird ihm zumute sein?

Am unbekümmertsten zeigen sich die kleinen Burschen, die auf Anhieb in *ruhigem Trab*, dem Führer voraus, zu dem Schützen hinlaufen und ihn womöglich beschnüffeln. In dieser Gruppe der Besten fand sich bei unseren Versuchen keiner, der bellte. Sie fühlten sich ihrer Sache sicher und hatten dies nicht nötig. Vorzüglich.

Die Mitglieder der nächsten Gruppe, die zwischen dem Schützen und der Fluchtdistanz* haltmachen, sind noch in Ordnung.

Unter ihnen findet sich schon mal einer, der eine leichte Unsicherheit dadurch zu überspielen sucht, daß er kurz vor Erreichen des Zieles losbellt. Völlig nervensicher ist dieser dann zwar nicht, aber immerhin noch »sehr gut«. Es ist damit zu rechnen, daß diese Gruppe bei Wiederholung der Übung sehr bald das Verhalten der Spitzengruppe zeigt.

Dies ist das erste Erziehungsziel. Später gewöhnt sich der Hund an den ganzen Vorgang, verliert das Interesse dafür und verhält sich dann gleichgültig. Das ist natürlich und erwünscht.

Die kleinen Kerle, die sich beim ersten Mal nur bis zur Fluchtdistanz herantrauen, sind natürlich nicht ganz so risikofreudig. Sie möchten sich ein Hintertürchen offen halten, um notfalls noch das Weite suchen zu können. Nach einigen Wiederholungen dieser Übung sollten sie es aber lernen, sich der Situation gewachsen zu zeigen. Diese Hunde sind immer noch gut und brauchbar.

Sollten wir es jedoch offensichtlich mit einem Angsthäschen zu tun haben, das sich überhaupt nicht heranwagt oder gar ausrückt, dann brechen wir die Übung lieber rechtzeitig ab, damit sich nicht womöglich eine Angstneurose entwickelt. Dann muß sehr, sehr vorsichtig in kleinen Schritten weiter geprobt werden, bis das Experiment von ihm durchgestanden wird. So gewöhnt man Hunde an alle möglichen Knallereien.

Nervöse Reaktionen

Hunde, die bei solchen Übungen mehr oder weniger aufgeregt bellen, sind mit ihren Nerven nicht ganz kapitelfest und geben ihre Unsicherheit dadurch zu erkennen. Sie sind nicht wirklich aggressiv gestimmt. Sie schimpfen und zetern sozusagen nur.

* *Wie der Name schon sagt, ist die Fluchtdistanz die Entfernung, bei deren Erreichen im Notfall eine Flucht noch Aussicht auf Erfolg bietet. Wird diese Distanz überschritten, löst ein Angriff der Gegenseite keine Flucht mehr aus. Es kommt dann zu einer Keilerei.*

Das muß der Führer wissen, denn er sollte seinem Schützling dann durch beruhigenden Zuspruch über dessen Unsicherheit hinweg helfen.

Man ist leicht versucht, diese aufgeregten Kadetten zu hüten wie geladene Pistolen. Das wäre grundfalsch. Man muß ihnen im Gegenteil besonders viel Gelegenheit geben, sich mit ihrer Umwelt auseinanderzusetzen. Noch hat niemand Angst vor ihnen, und diese Zeit gilt es zu nutzen.

Dabei soll man den Dingen möglichst ihren Lauf lassen und dem Kleinen nur *mit beruhigendem Zuspruch in betont tiefer Stimmlage* beistehen. So geführt, wird er von Mal zu Mal ruhiger werden und sich immer näher an das beunruhigende Objekt herantrauen. Manchmal dauert es etwas länger, bis er es in »Nasenberiech« nimmt. Damit ist er dann ein gutes Stück in seiner Wesensentwicklung weitergekommen. Seine Reizschwelle verlagert sich nach oben, was sehr erwünscht ist. Es ist das Ziel, daß diese auf die Dauer nur noch bei ungewöhnlichen Anlässen angesprochen wird.

Dieses scheinbar aggressive Verhalten kann nur unter Berücksichtigung der jeweils gegebenen Begleitumstände beurteilt werden. Auch ein wackerer, nervensicherer Hund kann in eine prekäre Lage geraten und dann – entsprechend seiner Stimmungslage – dieses Verhalten zeigen. Sein grundlegend unsicherer Kollege hätte in der gleichen Situation längst das Hasenpanier ergriffen.

Nervöse Hunde stellen an die Kunst des Erziehers und an seine Gelassenheit höhere Anforderungen. Ein Anfänger in der Hundehaltung tut sich erheblich leichter mit einem ruhigen Hund. Das Problem ist eine allzu niedrige Reizschwelle, die auf einem sehr leicht erregbaren Naturell beruht.

Gelegentlich bekommt man es mit echt aggressiv veranlagten Hunden zu tun. Sie stürzen auf alles los, was sie irritiert, ohne zu bellen. Erst wenn sie bei dem Reizobjekt angelangt sind, bellen sie wütend und zwicken mitunter ohne ersichtlichen Grund auch einmal zu. Wenn dieses Verhalten schon in früher Jugend auftritt, kann man hoffen, daß es sich um eine Entwicklungsphase handelt, die überwunden werden kann.

Man kann versuchen, diese Überschärfe abzubauen, indem man dem Hund in programmierten kritischen Situationen einen Beißkorb anlegt und beruhigend auf ihn einwirkt. So kommt man am ehesten zum Ziel, ohne ihm seine Courage abzukaufen.

Weder das naheliegende Vermeiden solcher Reizsituationen noch die Anwendung drastischer Einschüchterungsmethoden bringen eine befriedigende Lösung dieses heiklen Problems. Mit drakonischen Maßnahmen erreicht man bei solchen Typen meistens nur, daß sie noch rabiater werden und u. U. innerhalb der Familie nicht mehr zu halten sind.

Ein Hund beißt, wenn er – situationsbedingt – übermäßig erregt ist oder sich der gegebenen Lage nicht gewachsen fühlt. Diese Schwäche heißt es zu überwinden.

Unser Hund wird selbständiger

Das anfängliche Bedürfnis des kleinen Hundes, sich ständig in unserer Nähe aufzuhalten, ist natürlich. Je älter er wird, um so mehr sollte er sich aus dieser Abhängigkeit lösen. Wir merken dies, wenn er anfängt, uns auf Spaziergängen nicht mehr so penetrant an den Fersen zu kleben. Der Zeitpunkt ist individuell verschieden.

Diese Entwicklung sollten wir unterstützen, indem wir ihn vorerst nach Wunsch laufen lassen. Er wird immer noch bestrebt sein, in unserer Nähe zu bleiben, vor allem, wenn ihn in der Umwelt etwas beunruhigt. Erst nach und nach wagt er es, sich zuerst in

Abb. 8 (links). So ist es kein Kunststück, unterwegs den jungen Hund einzufangen. Wir müssen uns so hinstellen, daß er dicht vor uns vorbeilaufen muß, um an sein Bröckchen zu kommen, das wir auf unserer rechten Seite anbieten. Dann ist es leicht, ihn ruhig am Halsband zu greifen.

Abb. 9 (rechts). So nicht! Diesen Wildfang erwischt Peter nie. Das Lockhäppchen wurde zu hoch gehalten.

gewohnter ruhiger Umgebung etwas weiter zu entfernen. Ausbüxen wird er aber noch lange nicht. Da können wir beruhigt sein.

Dann ist es an der Zeit, das zuverlässige Herankommen außerhalb zu üben. Wir rufen ihn und entfernen uns in der entgegengesetzten Richtung. Er wird uns sofort nachgestürzt kommen. Dies wiederholen wir bei jeder sich bietenden Gelegenheit, wenn sich der Kleine etwas weiter entfernt hat. Der Hund lernt: Mein Herr ruft . . . jetzt haut er ab . . . nichts wie hinterher. Das muß ihm in Fleisch und Blut übergehen.

Wollen wir den Irrwisch an die Leine nehmen, halten wir ihm ein Biskuit so hin, daß er längsseits vor uns zum Stehen kommt. So können wir ihn mit der linken Hand ruhig greifen. Nur ja nicht versuchen, ihn *einzufangen!*

Befindet sich der Kleine einmal auf der anderen Straßenseite, wenn ein Auto naht, so gehen wir besser ebenfalls dorthin. Er könnte sonst im ungeeignetsten Moment zu uns zurück wollen und dann ins Unglück stolpern. Auch wenn wir unseren freilaufenden kleinen Freund einmal aus einer Gefahrenzone bringen wollen, laufen wir ihm – falls dies möglich – rufend davon. Laufen reizt den Verfolgungstrieb natürlich noch mehr als ruhiges Gehen. Es wäre falsch, ihn unter Druck einfangen zu wollen. Er weicht instinktiv allem aus, was sich schnell auf ihn zubewegt. Seine Reaktion ist dann unberechenbar.

Kleine Freiheiten

Wo immer es aber möglich ist, sollten wir das Hundekind – und später auch den »Jugendlichen« – frei laufen lassen. Wenigstens am Wochenende gehört ein Ausflug ins Grüne ins Programm. Ungehindert muß er sich in seiner Welt umtun können – sich gelegentlich mit anderen Hunden und Menschen auseinandersetzen. So lernt er, sich zu behaupten und Stehvermögen – also Zivilcourage – zu entwickeln, und das braucht Zeit.

In der Kindheit ist hierzu die beste Gelegenheit. Noch genießt er weitgehend Narrenfreiheit unter seinesgleichen, und kaum jemand hat Angst vor dem kleinen Wicht. Später kann diese Chance unwiederbringlich verpaßt worden sein. Leider gibt es viele hundeängstliche Menschen, die durch ein nervöses Gebaren einen labilen Hund zu einer Reaktion veranlassen können, die wir nicht gutheißen dürfen. Sie machen sich gegenseitig verrückt.

Um so mehr muß es schon der *kleine* Hund lernen, sich in seiner Umwelt unbefan-

gen und ohne Aggression zu bewegen. Aber auch sein vielleicht noch unerfahrener Besitzer kann dabei die Gelassenheit erwerben, die zur Führung eines großen Hundes wünschenswert ist.

Allein gelassen

Nach und nach gewöhnen wir unser Hundekind auch daran, einmal allein zu bleiben. Ein Hund, der dies nicht gelernt hat, wird zur Plage.

Am besten versucht man zunächst, sich heimlich davonzuschleichen, wenn der kleine Kerl einmal eingeschlafen ist. Er wird allerdings mit ziemlicher Sicherheit sofort aufwachen. Gerät er nun in Panik, was sich in seiner Lautgebung unmißverständlich ausdrückt, kehren wir bald zu ihm zurück und beschäftigen uns in seiner Nähe, *ohne ihn weiter zu beachten.* Keinesfalls darf er zu dem glorreichen Schluß kommen, daß sein Spektakel uns zurückholt! Diese Erfahrung, daß wir bald zurückkommen, wird ihm helfen, seine Angst vor dem Alleinsein zu überwinden. Oft ist dies auch ohnehin nur eine Frage der Zeit. Der Heranwachsende sollte von allein immer sicherer und unbekümmerter werden. Bei zaghaften kleinen Seelchen müssen wir diese Entwicklung nach Kräften unterstützen.

In keinem Fall dürfen wir mit »Donner und Blitz« auf ihn niederfahren, wenn er Radau macht. Damit würden wir ihn restlos verstören.

Wie dieses Unterfangen am besten zu bewerkstelligen ist, hängt natürlich von den jeweils gegebenen Umständen ab. Ich habe z. B. meine Beschäftigungen in der Küche immer mal unterbrochen, um Klein-Mona dort allein zu lassen, anfangs nur für wenige Minuten. Die Zeitdauer wurde nach und nach verlängert. Später wurde sie dann während der Mittagsruhe, der sich auch Hunde gern hingeben, in unserem kleinen unfugsicheren Wirtschaftsraum untergebracht. Heute verbringt sie dort die Zeiten unserer Abwesenheit.

Erst wenn man sicher sein kann, daß der Liebling nicht in panische Angst gerät, wenn wir uns entfernen, können wir uns zunächst kurze Ausgänge leisten. Ein schöner Markknochen lenkt ab und beschäftigt ihn. Müde davon, wird er bald einschlafen.

Jeder Hund ist in Abwesenheit seines Betreuers weniger selbstsicher. Seine Reizschwelle sinkt. Das ist natürlich und sogar erwünscht. Nur darf diese Verunsicherung nicht in Angst ausarten. Das ist wichtig, wenn er später einmal die Aufgabe übernehmen soll, das Haus zu bewachen, wenn niemand daheim ist. Ein Hund, der Angst hat, wird sich verkriechen.

Deshalb muß der Zustand des Alleingelassenwerdens mit aller Vorsicht aufgebaut werden. Sollten wir beabsichtigen, den Hund später öfter allein im Auto oder auf der Straße warten zu lassen, ist dies auf die gleiche Weise Schrittchen für Schrittchen vorzubereiten.

Irgendwann in dieser Zeit entdeckt der kleine Bursche, daß er auch einen eigenen Kopf hat, und er versucht, ihn durchzusetzen.

Unsere Hunde verbrachten alle zusammen ihre Nächte draußen in ihren schönen Zwingern. Sie gingen zwar nicht gern hinein, folgten aber immer gutwillig, ihre Kinder im Schlepp. Bei allen meinen Jungtieren kam dann einmal der Tag, an dem sie sich dabei selbständig machten und ins Haus zurückliefen. Ich habe sie zunächst gewähren lassen, dann ruhig und bestimmt an die Leine genommen und in den Zwinger gebracht. Nach einigen Tagen liefen sie wieder in altgewohnter Weise mit ihren Kameraden. Kein Grund, um aus der Haut zu fahren.

Falls beabsichtigt ist, den Hund später auch oft im Garten oder Hof allein zu lassen, sollte man es so einrichten, daß er in der ersten Zeit dabei unter Aufsicht ist. So ist es am leichtesten, ihm von vornherein klarzumachen, was er hier alles nicht tun darf.

Wenn er dies begriffen hat, läßt man zuerst einfach eine Außentür offen und wartet ab, bis der Heranwachsende von selbst den Entschluß faßt, sich auf eigene Faust draußen umzusehen. Das hängt natürlich auch davon ab, wie unterhaltsam es für ihn dort ist. Dies ist besser, als ihn einfach auszusperren, solange es ihm draußen allein noch zu ungemütlich ist.

Soziales Verhalten

Vom Umgang mit fremden Hunden

Alle Hundekinder, von denen man erwartet, daß sie sich später einmal mit ihresgleichen auf unproblematische Weise verständigen und nicht zu mißliebigen Störenfrieden werden, brauchen in früher Kindheit den Umgang mit möglichst vielen verschiedenartigen Kameraden.

Abb. 10. Nachbarliche Kontakte

Die *sozialen Verhaltensweisen* dürften angeboren sein. Der Hund muß sie aber auch praktizieren, um die *Sicherheit im Auftreten* durch Erfahrung aufbauen zu können.

Bei Begegnungen mit anderen Hunden werden wir feststellen, daß sich unser kleiner Freund sehr uneinheitlich verhalten kann. Die verschiedenen Hundetypen üben auf ihn eine jeweils andere Wirkung aus. Da gibt es große und kleine, wilde und zahme, freche und schüchterne, fremde und bekannte usw.

Auch die Wesensart des entsprechenden »Gesprächspartners« wirkt sich auf das Verhalten unseres kleinen Kadetten verschieden aus. Zu einem ruhigen, selbstsicheren Hund haben sie offensichtlich Vertrauen. Unsichere Typen lösen auch bei ihnen Vorbehalte aus.

Wichtig ist es bei diesen Begegnungen, daß sich die Hunde, wenn eben möglich, frei bewegen können – notfalls wenigstens an *lockerer* Leine.

Besonders für unerfahrene Hundebesitzer ist es sehr nützlich, beobachten zu kön-

nen, wie sich ihr kleiner Hund mit seinesgleichen verständigt. Oft müssen Komplexe bei ihm abgebaut werden, und das gelingt am besten durch Erfahrung. Häufig genug kommt es später nur deshalb zu Raufereien, weil ein Hundebegleiter unnötigerweise durchdreht.

Aufnahme in die Hundefamilie

Wie solche Begegnungen verlaufen können, führte uns die kleine »Zola« vor, die wir im Alter von 12 Wochen in unser Haus holten.

Völlig unbefangen ging sie mit uns und verbrachte die Heimfahrt auf meinem Schoß. Daheim angekommen, machte sie sich gleich unbekümmert an die Erforschung ihrer neuen Heimat.

Die Begrüßung unserer »Großen« verlief sehr stürmisch. »Dally« und »Filou« wurden wild angesprungen bei dem Versuch, ihre Lefzen abzuschlecken. Ich fand dies

Abb. 11. Heißgeliebter, geduldiger großer Spielkamerad. Er übt mit ihm soziales Verhalten.

reichlich frech – ahnte nicht, daß es sich hier um das kindliche Bestreben handelte, bei den Vorgesetzten »Gut Wetter« zu machen. Schüchterne Kerlchen wagen dies allerdings nicht. Hier fiel diese Prozedur hektisch aus, weil Zola etwas verunsichert war. Unsere Rüden zeigten sich in diesem Fall tolerant und ließen sich dies geduldig gefallen.

Es kann aber auch vorkommen, daß bei allzu aufdringlichen Hundekindern einem »Großen« der Kragen platzt und er seinem Unmut Luft macht, indem er den Kleinen mal ordentlich anfaucht. Dies ist ein natürliches Erziehungsmanöver, in das man sich nicht einmischen sollte. Dem kleinen Wildfang müssen eben Grenzen gesetzt werden. Das ist ihm nur heilsam. Er schaltet dann blitzschnell auf Demut und beschwichtigt so den Groll, den er selber ausgelöst hat.

Unserer »Farna« hingegen unterwarf sich Zola bedingungslos. Ja, sie zeigte sogar geradezu eine zwanghafte Sucht, sich ihr in demütiger Ergebenheit buchstäblich vor die Füße zu werfen. Dieses kleine Hundekind hatte schon ein Gespür dafür, daß es in Farna keine Freundin gewinnen konnte.

Unsereinem muß dieses Verhalten geradezu idiotisch erscheinen. Eine Feindvermeidung könnten wir viel eher verstehen. Eine Flucht wäre jedoch nur dann sinnvoll, wenn eine echte Chance bestehen würde zu entkommen. Für Hundekinder dürfte dies selten der Fall sein.

Es ist schon bewundernswert, wie die Natur die Instinkte ihrer Geschöpfe lenkt, um die Erhaltung der Art zu sichern. Davon können wir nur lernen.

Straßenbekanntschaften

In unserer ruhigen Wohngegend gab es zu meiner Freude eine Reihe kleinerer Hunde, die oft allein spazierengehen durften. Es war interessant zu beobachten, wie Zola sich nach und nach mit ihnen arrangierte.

Beim ersten Spaziergang, auf dem sie mich freilaufend begleitete, wünschte sie sich sichtlich eine Tarnkappe. Dicht an meinen Fersen klebend, war sie nur bestrebt, möglichst unauffällig an diesen Schreckgestalten vorbeizuschleichen.

Aber schon am nächsten Tag begann die Anziehungskraft der fremden Artgenossen zu wirken. Mit wildgesträubten Haaren, sprang sie heftig bellend in kurzen hohen Sätzen – ohne nennenswerten Raumgewinn – auf diese zu. Ich fühlte mich lebhaft an Bocksprünge erinnert. Immerhin war dies schon ein Fortschritt. Am nächsten Tag ent-

fernte sie sich schon ein wenig von mir und von Tag zu Tag noch etwas mehr. Zunächst aber hielt sie sich immer noch so weit von dem fremden Hund fern, daß eine Flucht noch Aussicht auf Erfolg bot.

In solch einem Verhalten kommt wohl eine Konfliktstimmung zum Ausdruck. Es liegen in diesem Fall Erlebnisdrang und Angst in edlem Wettstreit.

Was nun weiter geschah, hing von der Gegenseite ab. Ließ diese sich von dem wilden Getue verblüffen, was erstaunlicherweise auch vorkam, sauste Zola begeistert hinter dem Flüchtenden her. Zeigte sie eine verächtlich kalte Schulter, kam die Kleine enttäuscht und verlegen zu mir zurückgetrollt.

Ging aber die Gegenseite ihrerseits zu einer Attacke über – natürlich in spielerischer Absicht –, dann kam Zola entsetzt zu mir zurückgerast. Unter meinem Schutz war sie dann aber doch bereit, nähere Bekanntschaft anzuknüpfen.

Mit zunehmendem Selbstbewußtsein wurde Zolas Auftreten gegenüber fremden Hunden sicherer. Sie traute sich immer weiter von mir fort. Die betont hohen, kurzen Sprünge verwandelten sich in einen raumgreifenden Galopp. Der Kamm schwoll ihr erst kurz vor dem Zusammentreffen – später gar nicht mehr. Auch gebellt wurde – wenn überhaupt – erst ganz zum Schluß. Die Respektdistanz wurde immer geringer, und am Ende wurde die eingehende Begutachtung auch ohne meine Assistenz vollzogen. Je sicherer sie wurde, um so ruhiger wurde ihr Benehmen. Bei sehr imponierenden Partnern aber zeigte sie gelegentlich auch später das so ungemein aggressiv wirkende Verhalten, das sie als kleiner zaghafter Wicht vorführte.

Der Hund zeigt sich einer solchen Situation erst dann voll gewachsen, wenn er imstande ist, allein und in selbstsicherer Haltung eine eingehende Prüfung seines Gegenübers ruhig vorzunehmen.

Zola war von Natur ein wackeres Kerlchen. Durch den totalen Milieuwechsel, den sie erleben mußte, war sie jedoch zeitweilig in ihrer Grundhaltung erheblich verunsichert. Daher das zuerst nicht gerade heldenhafte Verhalten. Das ist nur natürlich. Sie fing sich aber wieder beachtlich schnell.

Der Fall ist deshalb interessant, weil sie, sozusagen im Zeitraffertempo, die ganze Skala der für sie möglichen Verhaltensweisen durchlief.

Bei Hunden, die diesem Streß nicht ausgesetzt sind, benötigt diese Entwicklung normalerweise erheblich mehr Zeit.

Im allgemeinen verhalten sich Hundekinder sehr unbefangen gegenüber erwachsenen Hunden, von denen sie normalerweise nichts zu befürchten haben. Aber auch hier gibt es zaghafte kleine Seelen, bei denen diesem Erziehungskapitel besondere Aufmerksamkeit zu widmen ist.

Abb. 12. Erste Begegnung. Kleinchen ist noch *sehr* schüchtern. Der sicherste Platz ist zwischen Frauchens Füßen.

Abb. 13. Man wird mutiger . . .

Abb. 14. . . .und schon etwas frech.

Kindliche Emotionen

Zeigt sich unser Hundekind bei solch einer Gelegenheit einmal aggressiv und springt wild bellend auf einen fremden Hund zu, so ist kein Grund zur Besorgnis gegeben. Hier liegen keine Angriffsabsichten vor.

Unser kleiner Held befindet sich in einer Konfliktstimmung. Einerseits würde er liebend gern mit dem anderen Hund in Verbindung treten, andererseits traut er sich nicht so recht. Diese Form des aggressiven Verhaltens ist in solch einem Fall ein Zeichen von Unsicherheit und zeigt an, daß er sich der gegebenen Lage nicht so ganz gewachsen fühlt. Wer angibt – hat's eben nötig!

Man merke: Hunde, die bellend auf etwas losstürzen, haben *grundsätzlich* keine Angriffsabsichten. Sie werden rechtzeitig abstoppen. Sie möchten nur den anderen einschüchtern. Das allein ist der Zweck der Übung. Ihre Führer müssen dies unbedingt wissen, damit sie sich vernünftig und gelassen verhalten.

Es sind meistens die nicht so ganz nervenfesten Bürschchen, die zu diesen Auftritten neigen. In jedem Fall wäre es unsinnig, dieses Verhalten noch anzuheizen in der irrigen Annahme, auf diese Weise einen mutigen Hund zu bekommen. Es würde im Gegenteil nur erreicht, daß er erst recht durchdreht und womöglich unberechenbar wird.

Genauso falsch wäre es zu versuchen, dieses Benehmen durch einschüchternde Manöver zu unterbinden. Damit würde dem Kerlchen sein bißchen Courage auch noch abgekauft.

Statt dessen stärken wir ihm das Rückgrat, indem wir uns in seine Nähe begeben und ihm ruhig mit betont tiefer Stimmlage gut zureden. So wird er sich am ehesten beruhigen, mit der Zeit immer selbstbewußter und damit weniger nervös werden. Diese Phase in der Entwicklung muß zielbewußt und beharrlich durchgestanden werden.

Sollten jedoch alle Kontaktversuche fehlschlagen, bliebe noch die Möglichkeit, einen Spielkameraden in den eigenen Hof oder Garten einzuladen.

In seinem Heimbereich fühlt sich jeder Hund am sichersten und stärksten – der Besucher hingegen ist weniger selbstbewußt als auf neutralem Gebiet. Man respektiert die Gebietsansprüche des Artgenossen. Diese Umstände können allzu zaghaften Seelen zu einer besseren Rangposition verhelfen.

Mit zunehmender Entfernung von seinem Heimbereich sinkt die Selbstsicherheit nach und nach. In einer ganz fremden Umgebung zeigt sich jeder Hund deutlich »vorsichtiger«, wenn es einmal kritisch wird. Bei wesensfesten Kadetten ist dies allerdings nicht so augenfällig wie bei grundlegend ängstlichen Gemütern. Dies sollte bei der Erziehung beachtet werden.

Falls sich unter Nachbarhunden keine passenden Freunde finden lassen – Vertreter mittelgroßer Rassen, die aber nicht nervös-rabiat sein sollten, oder noch besser andere Junghunde, sie sind besonders geeignet –, ist es sehr zu empfehlen, den Anschluß an einen Hundeverein zu suchen.

Hier lassen sich leicht Kontakte knüpfen mit Hunden ebenso wie mit gleichgesinnten Hundlern. Außerdem können sich unerfahrene Hundebesitzer Rat holen, wenn sie vor Problemen stehen, die sie allein nicht zu bewältigen vermögen.

Nur ganz unbefangene Hunde sind in der Lage, fröhlich und unbeschwert miteinander zu spielen. Viele Hundekinder bringen diese Unbefangenheit mit auf die Welt – andere müssen sie erst erwerben.

Vom Umgang mit fremden Menschen

Unsere Hunde leben normalerweise weniger in einer Hunde- als in einer Menschenwelt. In diese sollten sie bereits in früher Kindheit mit Bedacht eingeführt werden.

Damit unser kleiner Freund nicht gar zu einseitig auf seine Hauptkontaktperson und dessen Clan fixiert wird, ist es gut, ihn frühzeitig mit möglichst vielen Menschen in Verbindung zu bringen. Es erleichtert die Haltung eines Hundes beträchtlich, wenn wir ihn später auch einmal unbesorgt der Obhut anderer Menschen anvertrauen können.

In dieser Zeit darf es uns nicht stören, wenn unser Liebling mit jedem, der sich nett mit ihm beschäftigt, gut Freund und lieb Kind ist. Das ist eben Hundekindart, absolut natürlich und sehr wünschenswert.

Wir werden aber auch sehen, daß er sich Leuten gegenüber, die Hunde nicht mögen, deutlich anders verhält. Der Hund reagiert eben auch auf die jeweilige Gemütsverfassung der Kontaktperson.

Der erwachsene Hund fühlt instinktiv, ob er es mit wohlwollenden oder abweisenden, harmlosen oder verdächtigen Menschen zu tun hat. Er stellt dann sein Verhalten darauf ein. Dabei erweist sich sein Einfühlungsvermögen als viel, viel feiner als das von uns Menschen. Möglich ist aber auch, daß ihm diese Informationen ganz simpel durch den *Körpergeruch* des Betreffenden vermittelt werden.

Die Besorgnis, daß unser kleiner Hund gar zu vertrauensselig werden könnte, ist also unbegründet.

Unterschiedliches Verhalten

Ein gut veranlagter Hund sollte in seiner Kinderzeit zu hundefreundlichen Leuten grundlegend unbefangen und vertrauensvoll sein. Er darf sich nicht vor Menschen fürchten, wenn er sich später einmal ihnen gegenüber in einer Verteidigungssituation behaupten soll.

Viele Hundekinder bringen diese problemlose Einstellung mit auf die Welt. Andere müssen sie erst erwerben, womit sie ihrem Besitzer einiges abverlangen.

Läßt man dieses Problem in der Kindheit schleifen, kann der Hund leicht scheu oder aggressiv werden.

Bei den etwas kontaktschwachen Gesellen haben wir es mit zwei verschiedenen Typen zu tun, zwischen denen es gleitende Übergänge gibt.

Etwas unsicher sind beide. Sie unterscheiden sich aber in ihrer nervlichen Veranlagung.

Bei den nervenfesten Bürschchen sieht auch der unerfahrenste Zuschauer an ihrer unsicheren Haltung, daß sie sich der Lage nicht gewachsen fühlen.

Ihre nervösen Kumpane führen ein Belltheater auf und beeindrucken damit ihre Umwelt. Man hält sie für »scharfe Hunde« und freut sich. Das sollte man lieber nicht tun! Bei näherem Zusehen wird man nämlich feststellen müssen, daß es eigentlich auch diesem Typ an dem notwendigen Stehvermögen mangelt. Beim einen mehr – beim anderen weniger.

Aufgabe des Erziehers ist es, dieses fehlende Stehvermögen, so weit es geht, aufzubauen. Dies geschieht dadurch, daß man dem Kleinen oft zu Kontakten mit fremden Menschen verhilft und ihm dabei durch enge »Tuchfühlung« den Rücken stärkt. Man stellt sich dicht neben den Zaghaften – geht vielleicht sogar in die Hocke –, streichelt ihn! Das hilft enorm.

Falls nicht genügend hundefreundliche Bekannte für »Gespräche« zur Verfügung stehen, sind die Sportkameraden in den Hundevereinen gern bereit zu helfen. Ein erfahrener Hundler wird einen fremden Hund zuerst an seiner Hand schnuppern lassen. Dann geht er dazu über, ihn an Kehle und Vorbrust zu streicheln und dabei freundlich mit ihm zu reden. Das mag der Kleine gern. In besonders heiklen Fällen wird er sich seitlich neben den Kleinen stellen, denn viele dieser Hunde weichen sofort zurück, wenn etwas frontal auf sie zukommt. Die wenigsten mögen es auch, wenn sie *auf dem Kopf* gestreichelt werden, was ängstliche Menschen gar zu gern tun.

Außerdem lassen sich auf belebten Spazierwegen und Stadtstraßen oder auf Parkplätzen der Supermärkte leicht unverbindliche Beziehungen anknüpfen.

Wenn man dort mit einem Hundekind auftaucht, sieht man meist in viele verklärte Gesichter, und der Wunsch, solch einen Winzling zu streicheln, ist groß. Dies paßt gut in unser Konzept.

Bei unserer Erziehung müssen wir versuchen, unseren kleinen Hund dazu zu bringen, daß er sich freundlichen Menschen gegenüber zwanglos und friedfertig verhält – auf die Dauer natürlich auch ohne unsere Mitwirkung.

Entwicklung erwünschter Triebe und Instinkte

Erstes Spielen im Alleingang

Wie alle Tierkinder sind auch junge Hunde viel zum Spielen aufgelegt. Es ist für sie geradezu lebensnotwendig.

Abb. 15. Viel, viel Spielzeug wird gebraucht. Es lenkt das zwanghafte Nagebedürfnis auf erlaubte Objekte. Spielen befriedigt den kindlichen Beschäftigungsdrang und entwickelt Intelligenz und Geschicklichkeit.

Zum Glück können sie sich auch sehr gut allein amüsieren. Ihnen dabei zuzusehen ist ein beglückendes Vergnügen. Sie sind ja noch wie die Kätzchen, und sie unterhalten sich auch auf sehr ähnliche Weise wie diese.

Ein großer Teil der Zeit wird mit Kauspielen verbracht. Nagen und Zerreißen ist ein großes Bedürfnis.

Sehr beliebt sind vor allem Hasch- und Schnapp-Spiele aller Art, bei denen auch das Jonglieren geübt wird. Man schubst mit allem herum, was dazu geeignet ist. Kleine Blechdosen, abgenagte Markknochen, Bällchen usw. Spiele, die mit möglichst viel Radau verbunden sind, erfreuen sich besonderer Beliebtheit. Klein-Mona bevorzugte besonders die Unterhaltung mit einem kleinen Plastikeimer, der von ihr über den Steinboden geboxt wurde, wo er mit unberechenbar-torkelnden Bewegungen einen Mordsspektakel veranstaltete.

Bei solchen Spielen sind Mitspieler natürlich sehr erwünscht. Es ist nicht schwer, da mitzuhalten, und der Fantasie sind keine Grenzen gesetzt. Geht man dazu noch in die Hocke, kann man sich des Erfolges sicher sein.

In dieser ersten Zeit dürfen Spiele auch noch ziemlich »unpädagogisch« sein. Hier kommt es nur auf »den Spaß an der Freud« an.

Gemeinschaftsspiele

Verfolgungsspiele

Sie sind beliebt und lehrreich. Der menschliche Spielgefährte läuft mit einem schwingenden Sack oder Lumpen davon. Da werden die meisten Hundekinder begeistert mitmachen und die imaginäre Beute verfolgen und fassen wollen. Dann ist ein fröhliches Sackzerren fällig.

Empfehlenswert ist es, schon jetzt das später beim Schutzdienst verlangte »Auslassen« mit einzubeziehen. Dies kann sich auch für den Privatgebrauch als nützlich erweisen.

Hat sich der Kleine so richtig herzhaft in den Sack verbissen, halten wir ihm – mit dem Hörzeichen *»Aus!«* – einen Leckerbissen vor die Nase. Meistens entscheidet er sich dann für das Häppchen, besonders, wenn dann das ganze Vergnügen wieder von vorn losgeht.

Der Schwierigkeitsgrad dieser Übung wird nach und nach erhöht, indem andere ver-

Abb. 16. Das beliebte Lumpenzerren ist eine gute Gelegenheit, das Auslassen zu lehren.

Abb. 17. Zur Beendigung des Spieles wird dem Wildfang mit dem Ruf »Aus!« ein kleiner Leckerbissen vor die Nase gehalten.

Abb. 18. Hurra . . . er hat es begriffen.

traute, später fremde Personen den Mitspieler machen. Das Auslassen wird immer vom Führer veranlaßt.

Vielen Hunden macht es einen Mordsspaß, nach fortgeworfenen Gegenständen in hohem Gras, Laub o. ä. zu suchen. Besonders geeignet sind hierfür Kartoffeln, von denen immer kleinere gewählt werden und deren Verlust notfalls zu verschmerzen ist. Sie werden zunächst auf eine kurze – später weitere Entfernung geworfen.

Hier zeigt sich *der Stöbertrieb*, auf dem bei Lawinenhunden und Rauschgiftschnüfflern aufgebaut werden muß. Früh übt sich auch hier, wer einmal ein Meister werden will. Für einen talentierten Haushund bedeutet es ein reizvolles Unterhaltungsspiel.

Gegenstandssuche auf der Fährte

Leicht zu bewerkstelligen ist auch hier die Häppchen-Suche mit Hilfe der Spur.

Bei einem Spaziergang – möglichst in bekanntem Gelände – wird dem vorher angebundenen Hund ein verlockender Happen gezeigt. Nun wird langsam – Schrittchen für Schrittchen – von dort eine Spur gelegt und an deren Ende die Lockspeise abgelegt, am besten so, daß sie nicht gut sichtbar ist.

Nach etwa 10–15 m wird umgedreht und der Kleine mit dem Hörzeichen »*Such-Such!*« auf die Fährte geschickt. Jetzt wird es sich zeigen, ob wir einen talentierten Spurensucher am Bändel haben – oder auch nicht.

Ist der Kleine ratlos, wird er von seinem Führer die Fährte entlang geführt bis zu seinem Obolus. Dann fehlt ihm noch der Spürtrieb, und es ist noch zu früh für dieses Vergnügen. Da muß man Geduld haben. Irgendwann sollte der Groschen aber doch noch fallen!

Für eifrige Sucher wird der Schwierigkeitsgrad laufend erhöht. Die Spur wird länger und abwechslungsreicher gestaltet in ihrem Verlauf. Man nimmt sich mehr Zeit bis zum Beginn der Suche. Dadurch bleibt dieses Spiel immer interessant.

Verteidigungsspiele

Der Besitzverteidigungstrieb ist wohl die wünschenswerteste Eigenschaft des wehrhaften Haushundes. Er soll doch später einmal Heimstatt und Eigentum seines Besitzers vor Übergriffen schützen. *Dieser Trieb muß angeboren sein.*

Von einem Hundekind kann man allerdings noch nicht erwarten, daß es imstande ist, mit bösen Halunken fertig zu werden. Dazu fehlt es ihm noch an »Persönlichkeit«.

Abb. 19. Auch mit Kindern wird sehr gern gespielt.

Hingegen ist es durchaus schon imstande, seinen Knochen zu verteidigen.

Wir geben also dem kleinen Kerl einen schönen saftigen Knochen, den er sicher gleich in Besitz nehmen wird. Sein Herr und Meister stellt oder setzt sich neben ihn als moralische Stütze, während eine andere vertraute Person *so tut*, als ob sie sich den Knochen aneignen möchte.

Sowie der Hund anfängt zu knurren, hat er das Spiel gewonnen.

Es darf nicht das Erziehungsziel sein, ihn so stark zu reizen, daß er aus der Haut fährt – was kein Kunststück ist. Dies würde den Hund nur verunsichern und ihn u. U. unberechenbar machen. Er muß im Gegenteil erfahren, daß *sein Knurren* respektiert wird.

Hunde untereinander tun dies nämlich auch. Das gehört wohl zum Sittenkodex ihrer Art. Ich habe es nie erlebt, daß einem Kameraden – und sei es der kleinste und schwächste – etwas fortgenommen wurde, was dieser entschlossen knurrend verteidigte.

Unserem »Filou« – damals sechs Monate alt – gelang es einmal, ein großes Stück

Futterfleisch außer der Reihe zu ergattern. Er trug dies dann in einen Winkel, wo er fürchterlich knurren mußte, weil vier erwachsene Hunde ihn mit langen Hälsen nahezu in Tuchfühlung belagerten. Für sie wäre es eine Kleinigkeit gewesen, Filou seinen Raub fortzunehmen. Das taten sie aber nicht. Vermutlich warteten sie nur voll Konkurrenzneid auf den Augenblick, in dem Filou angesichts dieser Übermacht die Nerven verlieren würde. Dann hätten sie sich mit Fug und Recht über seinen Schatz hermachen können, wobei es zweifellos zu einer Keilerei gekommen wäre. Filou aber war ein beachtlich besonnener und standfester Hund. Er brachte es fertig, trotz dieser Belagerung, seinen Raub allein zu verzehren.

Anders sieht die Sache aus, wenn ein Objekt *nicht* verteidigt wird.

Nach einem Domizilwechsel wurden unsere beiden Hunde erstmals gemeinsam gefüttert. Dabei mußte ich feststellen, daß »Dally« in Windeseile seine Fleischration verschlang und dann der bedächtig futternden $1\frac{1}{2}$ jährigen Lady schamlos ihren Futterrest fortnahm. Lady war dies bestimmt nicht recht, sie wagte es aber nicht, gegen den »Leitwolf« aufzumucken. So aber ging das natürlich auch nicht.

Am nächsten Tag stellte ich mich im kritischen Moment neben Lady, fest entschlossen, Dally sein unsauberes Handwerk zu legen. Dazu kam es aber nicht mehr. Unter meinem Schutz wagte Lady selbst, knurrend ihre Habe zu verteidigen und . . . wurde von Dally respektiert. Nun bezog ich von Tag zu Tag meinen Posten etwas weiter entfernt, und bald war Lady imstande, auch ohne meine Mitwirkung ihr Recht zu behaupten. Sie hatte das Verteidigen gelernt.

Je ruhiger der Hund knurrt, um so sicherer fühlt er sich. Je mulmiger ihm zumute ist, um so rabiater reagiert er. Das hängt mit von der gegebenen Lage ab. Fährt er aus der Haut, so ist dies ein letzter verzweifelter Versuch, die Partie doch noch zu seinen Gunsten zu entscheiden. Von vielen Hundlern wird dies ganz anders gesehen.

Beim Einspielen sollte man es deshalb keinesfalls so weit kommen lassen. In keinem Fall dürfen diese Experimente mit den normalen Mahlzeiten gemacht werden. Das kann später zu unliebsamen Zwischenfällen führen.

Ich wurde einmal von einem durch und durch liebenswürdigen Gasthund *ohne Vorwarnung* kräftig ins Bein gebissen, als ich ihm ahnungslos zu nahe kam, als er sich seine Mahlzeit einverleibte. Später gestanden seine Besitzer ein, daß sie ihn beim Fressen öfter bis zum Wutausbruch gereizt hätten, um ihn schärfer zu machen. So kam es zu dem unliebsamen Zwischenfall.

Normalerweise hätte dieser Hund erst mal geknurrt, und ich wäre gewarnt gewesen.

Hunden, die überhaupt nicht knurren, fehlt es entweder am Verteidigungstrieb oder am nötigen Selbstbewußtsein. Beides kann sich im Laufe der Zeit noch entwickeln. Dies muß von Zeit zu Zeit immer mal probiert werden.

Für talentierte Verteidiger wird dieses Spiel nach und nach ausgebaut, indem der Führer immer mehr Abstand nimmt und fremde Personen statt der vertrauten Freunde den Konkurrenten markieren. Eine ungewohnte Umgebung stellt eine weitere Belastung für unseren Hund dar. Dieser Prozeß dauert einige Zeit und muß behutsam gesteuert werden, damit der Kleine nicht überfordert wird, seinen Mut verliert und dadurch einen Rückschlag erleidet.

Übrigens *spielen* auch Hunde untereinander sehr gern dieses Verteidigen von oft völlig uninteressanten Gegenständen. So üben sie miteinander.

Rangeleien

Solche Pseudokampfspiele mit dem Menschen stehen ebenfalls auf dem Erziehungsprogramm. Sie sind die beste Vorbereitung für einen später ernstlichen Einsatz.

Zunächst versucht der Betreuer den kleinen Hund durch Zupfen an der Rute zu einer spielerischen Gegenwehr herauszufordern. Diese besteht darin, daß das Hundekind den rechten Unterarm seines menschlichen Mitspielers, den dieser ihm vor die Nase hält, freundschaftlich mit dem vollen Fang faßt. Dies wird mit kurzen Griffen in die Halskrause des Hundes quittiert.

Sollte der Kleine im Eifer einmal zu fest zupacken, darf gejammert oder auch geknurrt werden. Er muß u. U. erst lernen, wie weit er da gehen darf. Ein Hundepelz ist ja viel weniger empfindlich als Menschenhaut.

Natürlich wird man dem Hund nicht gerade seinen blanken Arm unter die Nase halten. Aber ein Hetzärmel ist auch nicht nötig. Es genügt eine normale Jacke und vor allem ein Handschuh. Die kleinen Zähnchen sind noch nadelspitz.

Viele kleine Hunde machen da begeistert mit – andere müssen erst gewisse Hemmungen überwinden.

Nach und nach geht man dann immer derber zu Werke, und andere Familienmitglieder – später auch Sportfreunde – können den Balgekumpan spielen.

Solche Spiele dürfen jedoch nicht im Übermaß ausgeübt werden, besonders dann nicht, wenn von seiten des Hundes eine angeborene Passion dafür vorliegt. Zur Leidenschaft sollten sie für den Hund nicht ausarten, sonst bekommen wir einen Raufer.

Mit einem energischen *»Aus!«* beendet immer der Menschenkumpan das Vergnügen.

So lernen die Kleinen im Spiel die Griffe, die sie als Erwachsene in einem Ernstfall anwenden würden. Sie entwickeln so auch die Fähigkeit, kritische Situationen besonnen durchzustehen. Der Schutzhund in Privathand soll abwehren, wozu ihm verschie-

Abb. 20. Herrliches Raufvergnügen. Es ist nützlich, dabei Handschuhe und eine unempfindliche Jacke zu tragen. Die kleinen Zähnchen sind noch nadelspitz. Der Hund soll das gebremste Zufassen – nicht aber das Beißen lernen.

Abb. 21. Ein energisches »Aus!« beendet immer das fröhliche Spiel.

dene Möglichkeiten zur Verfügung stehen. Jedoch darf er wirklich nur im alleräußersten Notfall ernstlich angreifen. Es wird nur sehr selten notwendig sein. Wer legt sich schon mit einem kampfbereiten Hund an?

Man merke: Bei diesem Spiel soll der Hund das disziplinierte *Zufassen* lernen, nicht aber das kämpferische *Beißen.* In der Praxis tut der Hund dies ohnehin nur im Affekt, der durch Umweltreize ausgelöst wird. Diesen Dingen läßt man besser ihren natürlichen Verlauf. Es ist jedoch sehr wichtig für unseren Hund, das gebremste Zupacken zu üben. In den meisten kritischen Fällen ist dieses unblutige Verfahren absolut ausreichend, und unnötige böse Verletzungen werden vermieden.

Dieses Verhalten ist auch geeignet, dem Hundeführer zu einer gelassenen Einstellung in kritischen Situationen zu verhelfen. Auch das ist sehr wichtig!

Spiele zur Förderung der Lernbereitschaft und Intelligenz

Sie haben die Aufgabe, Fähigkeit und Freude am Lernen aufzubauen. Es ist die »Kindergartenzeit«.

Sobald sich unser kleiner Hund bei uns eingelebt hat – spätestens im Alter von drei Monaten –, ist er schon soweit, daß er aktiv etwas lernen kann. Er wird mit Begeisterung bei der Sache sein, wenn wir dabei geschickt vorgehen.

Voraussetzung für eine fröhliche Zusammenarbeit zwischen Lehrer und Schüler ist die Vermeidung von jedwedem Druck oder gar Zwang. Dadurch würde der kleine Eleve nur verprellt und verunsichert. Zu einem *aktiven* Tun muß ein kleiner Hund *verlockt* werden. Da muß mit Diplomatie und Geschicklichkeit zu Werke gegangen werden.

Dies ist ein deutlicher grundlegender Unterschied zur Verbotsdressur, bei der unerwünschte Handlungen *unterdrückt* werden sollen. Hierbei darf – der Wesensart des Hundes angepaßt – gelegentlich auch recht derb verfahren werden.

Der Erzieher sollte sich das bei allen seinen Maßnahmen vor Augen halten: Soll unser Zögling etwas tun, oder soll er etwas unterlassen?

Es bietet sich dann an, dem Bürschchen etwas beizubringen, was gleichzeitig auch nützlich ist.

Hinsetzen: »Sitz!«

Mit einem Belohnungshäppchen in der erhobenen Hand locken wir unseren Schüler zu uns. Wenn er dann erwartungsvoll vor uns steht, halten wir das Häppchen etwa 20 cm hoch über seine Nase und schieben uns gleichzeitig langsam auf ihn zu. Dabei sagen wir deutlich und in ruhigem Tonfall *»Sitz!«*

Ich habe noch kein Hundekind erlebt, das sich daraufhin *nicht* hingesetzt hätte. Rückwärts zu gehen mit erhobenem Kopf ist offenbar unbequem, und so geht es den Weg des geringsten Widerstandes und ganz ohne Zwang.

Abb. 22 (links). So lernt der kleine Hund zwanglos sich zu setzen. Mit einem Leckerbissen in der erhobenen Hand bewegen wir uns langsam auf den dicht vor uns stehenden Hund zu. Um das verlockende Bröckchen nicht aus den Augen zu verlieren, muß er den Kopf in den Nacken legen, und dabei setzt er sich hin.

Abb. 23 (rechts). Dem sitzenden Hund reicht man seinen Obolus *unterhalb* des Schnäuzchens! Das erleichtert es ihm, brav zu warten.

Lebhafte Hundekinder können dabei in Versuchung geraten hochzuspringen. Deshalb nehmen wir die Hand, wenn er sitzt, sofort herunter und reichen ihm das Häppchen mit offener Hand unterhalb seines Schnäuzchens.

Frei folgen bei Fuß

Dem an unsere linke Seite gelockten Hund halten wir, in der herunterhängenden linken Hand verdeckt, ein Häppchen vor die Nase. Mit dem Hörzeichen »*Fuß!*« gehen wir nun weiter. Der Kleine wird sich gern von der verlockenden Hand in jede gewünschte Richtung führen lassen.

Lenken wir ihn dann zuerst an irgendwelchen »Leitplanken« vorbei – Schränken, Wänden, Mauern usw. –, lernt er gleich, schön vorschriftsmäßig neben uns zu bleiben.

Bleiben wir einmal stehen, heißt es »*Sitz!*«, und der Kleine erhält – nach erfolgreich vollbrachter Tat – seinen Obolus. Eine kleine Hilfe bedeutet es, wenn wir ihn anfangs mit der Häppchenhand optisch leicht rückwärts schieben, falls er sich nicht gleich hinsetzt.

Wendungen

Rechts um ist leicht und ergibt sich fast von selbst. Führen wir eine Kehrtwendung *links um* aus, soll unser Lehrling hinter uns her wieder an unsere linke Seite kommen und sich setzen. Das gelingt mühelos, wenn wir im Moment der Drehung die Belohnung in die rechte Hand nehmen und sie vor der Hundenase hinter uns herumführen; das Häppchen mit der linken Hand wieder übernehmen und es dem Kleinen zukommen lassen, wenn er – wie gelernt – brav neben uns sitzt.

Dieselbe Methode wenden wir auch an, wenn der herangerufene Hund *vor* uns sitzt und sich – an unserer rechten Seite vorbeigehend – an unsere linke Seite setzen soll.

Solche Unterhaltungsspiele machen den Kleinen viel Spaß. Trotzdem sollen sie immer nur eine kurze Zeit geübt werden. Mit der Ausdauer ist es noch nicht weit her in diesem Alter.

Alle neuen Übungen probieren wir immer zuerst innerhalb des Hauses. Hier ist der

optische Schranke aufbauen. Macht das Kerlchen nur Miene aufzustehen, wird sofort »geknurrt«. Aufstehen ist verboten! Ist es hingegen brav sitzengeblieben, gehen wir bald zu ihm zurück und stecken ihm seine Belohnung zu.

Nach und nach erhöhen wir den Abstand – entschwinden später auch einmal aus seiner Sicht –, warten immer länger mit dem Zurückkommen, bis wir dem Braven zum Abschluß sein Häppchen zukommen lassen. Bitte, dies niemals zu vergessen!

Auf die gleiche Weise wird auch das *Liegenbleiben* eingeübt.

Es kann immer mal vorkommen, daß wir den kleinen Kerl außerhalb auf uns warten lassen möchten. Wenn er diesen Lehrstoff beherrscht, bietet dies kein Problem. (Aus Sicherheitsgründen ist er ggf. zusätzlich noch anzubinden).

Er hat ja gelernt, daß wir treu wiederkommen – also für ihn kein Grund zur Panik gegeben ist.

Allerdings sollte man die Übung auch draußen sorgsam in kleinen Schritten aufbauen und nicht von jetzt auf gleich den Kleinen in einer verkehrsreichen Straße eine Vier-

Abb. 26. 3. Phase: Es erleichtert dem Hund das korrekte Hinsetzen, wenn wir die linke Hand mit der Belohnung am Schluß der Übung in einem Bogen nach links führen.

telstunde außer Sicht warten lassen. Er darf es nicht mit der Angst zu tun bekommen. Das fordert dem Hundeführer etwas Einfühlungsvermögen ab; denn jeder Hund ist anders geartet.

Dabei ist zu bedenken, daß in fremder Umgebung *sitzend* zu warten, sein Gemüt weniger belastet als das Warten im *Liegen*, obwohl dies meist zuverlässiger funktioniert. Das Liegen bringt u. U. noch physische Nachteile mit sich – das Bäuchlein kann sich schnell erkälten.

Wenn sich der kleine Kerl bei unserer Wiederkehr vor Freude wie ein Verrückter aufführt, so ist dies bereits eine Warnung, daß er schon etwas überfordert war, und der Bogen nächstes Mal nicht überspannt werden sollte.

Mit einem energischen: »Bleib da!« können wir schon sehr frühzeitig verhindern, daß uns unser kleiner Gefolgsmann nachstürzt, wenn wir ihn mal einsperren wollen.

Abb. 27. Das Sitzen- und Liegen-*Bleiben* muß nach und nach aufgebaut werden. Hierzu anfangs mit dem beschwörend gesprochenen »Bleib da!« und der abwehrend erhobenen Hand langsam rückwärts gehen.

Hinlegen: »Platz!«

Um unseren kleinen Freund zum Hinlegen zu bewegen, veranlassen wir ihn zunächst, sich zu setzen, und gehen selbst neben ihm in die Hokke. Um zu verhindern, daß er aufsteht, legen wir unsere linke Hand leicht auf seine Kruppe. Die rechte Hand mit dem verlockenden Häppchen legen wir so vor den sitzenden Hund auf den Boden, daß er es beim Sichhinlegen gerade noch erreichen könnte. Diese Belohnung bekommt er aber erst, nachdem er sich mit der Aufforderung »*Platz!*« auf den Boden gelegt hat.

So erübrigt sich das übliche gewaltsame Zubodendrücken. Die meisten Hundekinder kapieren dies erstaunlich schnell.

Es dauert natürlich seine Zeit, bis er auf das Kommando »Platz!« zuverlässig zu Boden sinkt. Die Mühe jedoch lohnt sich, denn diese Übung ist ein großartiges Mittel, den schon größeren Hund auch außerhalb un-

Abb. 28 (oben). Das Sichhinlegen ist leicht zu lehren. Neben dem sitzenden Hund hockt man nieder, legt die linke Hand locker auf die Kruppe, um ggf. ein Aufstehen zu verhindern. Mit der rechten Hand hält man dem Kleinen ein Häppchen auf dem Boden vor.

Abb. 29. Es hat geklappt.

mittelbarer Reichweite zu bremsen. Ein energisches »Platz!« ist geeignet, z. B. Ausbrechen, Anspringen, unerwünschte Aggressivitäten oder andere unliebsame Absichten im Keim zu ersticken.

In solch einem Fall muß unbedingt ein konkreter Befehl gegeben werden, den der Hund zuverlässig zu befolgen gelernt hat. Mit »Pfui!«, »Aus!« und dgl. kommen wir dabei nicht mehr zum Ziel!

Wenn dies klappen soll, muß der Hund diese Übung schon zuverlässig beherrschen, *bevor* seine Lausejungenzeit anbricht. Deshalb darf keine Zeit vertrödelt werden!

Leinenführigkeit

Erst wenn das Kommando »Sitz!« bereits zuverlässig befolgt wird, kann auch langsam daran gedacht werden, unserem Lehrling das korrekte »Bei-Fuß-Gehen« an kurzer Leine beizubringen.

Nahezu jeder einigermaßen temperamentvolle junge Hund zieht mit voller Kraft, wenn er an *kurzer* Leine gefesselt ist. Grobes Zurückreißen führt nur bei weichen Kadetten zum Ziel. Es ist besser, den Hund bei jedem Vorpreschen mit einem kurzen Leinenruck – stehenbleibend – zum Sitzen aufzufordern. Nach einer Weile geht man mit dem Hörzeichen »Fuß!« weiter. Beginnt er erneut zu ziehen, müssen wir wieder von vorn anfangen, und wenn dies anfangs alle drei Meter sein muß. Mit der Zeit wird ihm das zu dumm, und er lernt es, tadellos und ohne zu zerren an der Leine »bei Fuß« zu gehen. Nur muß man sich darüber im klaren sein, daß diese Übung für den Hund eine arge seelische Belastung darstellt. Man sollte sie ihm deshalb nur kurze Zeit und im praktischen Gebrauch nur, wenn es die Umstände erfordern, zumuten. Es ist wirklich nicht zu verstehen, warum viele Hundebesitzer sogar auf Waldspaziergängen ihren Begleitern ständig das korrekte »Bei-Fuß-Gehen« abverlangen.

Normalerweise wird der Hund an der linken Seite geführt. Das hat sich mit dem Hundesport so eingebürgert. Sollte man ihn aber in der Praxis nicht lieber jeweils an der Seite laufen lassen, an der er am wenigsten gefährdet ist und nicht mit Passanten in Konflikt geraten kann?

Das würde bedeuten, daß, wenn wir vorschriftsmäßig die rechte Straßenseite benutzen, unser Hund rechts von uns und möglichst am Straßenrand zu führen wäre. Dies empfiehlt sich auch außerorts, wo die Autos oft unbekümmert nah an uns vorbeibrausen.

Für den am Fahrrad laufenden Hund besteht sowieso die Polizeivorschrift, daß er an der rechten Seite geführt werden muß.

»Sitz – Fuß!«

Diese Befehlskombination fortlaufend, in schnellem Wechsel ist ein gutes Mittel, um später unseren Freund an heiklen Orten, an denen er gar zu gern ein Theater aufführen möchte, gesittet vorbeizubringen. Ein hinter einem Tor tobender Wachhund etwa oder eine entgegenkommende Nervensäge sind ja auch eine Zumutung und können auch einen sonst braven Hund aus dem Konzept bringen.

Unsere intensive Einflußnahme, die ihm eine *aktive Reaktion* abverlangt, lenkt unseren Begleiter von den ihn erregenden Eindrücken ab.

Bei Reizobjekten, die sich bewegen, wie etwa schnell fahrende Autos auf schmalen Straßen, Motorräder, vorbeilaufende Kinder oder Hunde, fordert man den Hund am besten rechtzeitig zum Sitzen auf und lenkt seine Aufmerksamkeit mit einem Belohnungshäppchen ab. So gewöhnt er sich an anfänglich aufregende Erlebnisse und lernt, sie gelassen durchzustehen.

Auch Lernerfolge – gebührend bewundert – fördern das Selbstbewußtsein unseres Kameraden.

Diese Ratschläge gelten vornehmlich für solche Hunde, die im täglichen Umgang einen natürlichen Gehorsam aufbauen können.

Für Liebhaberhundehalter dürfte dieser Lehrplan vorerst genügen, um einen Hund zu bekommen, der sich überall zu benehmen weiß. Es ist besser, ihm ein begrenztes Pensum *gründlich* beizubringen, als vielerlei nur flüchtig!

Apportieren

Dies ist eine heikle Aufgabe, weil eine ganze Folge von Verhaltensweisen dazu benötigt wird und teilweise auch schon einige Disziplin verlangt werden muß.

Für ein Hundekind kann das noch zu schwierig sein. Deshalb ist es meistens besser, sich für die erste Zeit nur einige Phasen der Aufgabe vorzunehmen.

Als *Vorübung* kann man es mit einem kleinen Hundebiskuit versuchen. In einer stillen Straße z. B. kullert man diesen möglichst weit fort. Der Kleine saust natürlich sofort los, sucht und futtert ihn. Dann wird er gerufen, kommt zum Führer zurück, setzt sich – wie bereits brav gelernt – vorschriftsmäßig vor ihn, bekommt erneut ein Bröckchen, läuft um ihn herum an seine linke Seite und bekommt wieder etwas zugesteckt. Damit geht das Programm wieder von vorn los. Dies lernt sich spielend leicht und macht dem Kleinen viel Spaß. Das Häppchen beim Vorsitzen wird bald gestrichen.

Schon bald wird das fortgeworfene Biskuit durch einen kleinen Gegenstand ersetzt, der schön kullert, sich aber weder zum Essen noch zum Spielen eignet. Normalerweise sollte der Kleine ihn aus purer Gewohnheit aufnehmen und damit, wie gewohnt, zurückkommen. Falls er ihn unterwegs fallen läßt, darf das in diesem Stadium nicht stören.

So läuft der Kleine schon einem fortgeworfenen Gegenstand nach und kommt zum Führer zurück. Das ist bereits ein kleiner Erfolg.

Nun soll der Schüler aber keine Bröckchen futtern, sondern einen größeren Gegenstand aufnehmen und *bringen.* Zuerst veranlassen wir unseren Hund, sein geliebtes Spielzeug mit herumzutragen. Wenn ihm das Spaß macht, geben wir es ihm während der Gehorsamsübungen in den Fang.

Nun kommt es darauf an, den Kleinen zu veranlassen, sein Spielzeug freiwillig abzugeben. Daß er es am liebsten für sich behalten möchte, ist nur natürlich. Dafür hat er seinen Besitzverteidigungstrieb, der auch für uns wertvoll ist.

Am besten wird das *Abgeben* gesondert geübt. Wir lassen den Hund vor uns sitzen und gehen selbst zu Boden. Dann geben wir ihm sein Spielzeug in den Fang, lassen es ihn eine Weile halten und nehmen es ihm wieder ab, woraufhin eine Belohnung fällig ist. Das Ganze muß so organisiert sein, daß uns der Kleine dabei nicht entwischen kann; am besten in der Ecke eines kleinen Raumes. Die Hörzeichen dazu: »*Nimm's!*« und dann: »*Aus!*«.

Man kann auch, abends vor dem Fernseher sitzend, ein geeignetes Spielzeug fallen lassen. Holt und bringt es der Kleine, ist es gut – wenn nicht, macht es auch nichts. Wir haben ja dann viel, viel Zeit, und das erleichtert es, jede Form von Drängelei zu unterlassen. Damit würde man dem Kleinen das Bringen nur vermiesen.

Es ist wichtig, daß der Hund von sich aus begreift, daß ihm ein vergnügliches Verfolgungsspiel geboten wird, wenn er das *Bringsel* seinem Herrn zurückbringt.

Kommt man mit diesem Problem nicht zurecht, ist es besser, den Dingen vorerst ihren Lauf zu lassen. Der »Familienhund« *muß* ja nicht unbedingt das korrekte Apportieren beherrschen.
Erst viel, viel später nämlich beginnt die disziplinierte *Arbeit* mit dem Bringholz.

Abb. 30. Nehmen, Halten und Abgeben ist eine Lektion, die gesondert geübt werden muß.

Früh geübt – alt getan

Im Alter von 5–6 Monaten sollte jeder Hund auf diese Weise einen ungezwungenen und zuverlässigen Gehorsam entwickelt haben. Er sollte sich in seiner Umgebung unbefangen bewegen und sich den Wünschen seines Besitzers angepaßt betragen.

Während Hundesportler oft mit tierischem Ernst an die Erziehungsaufgaben herangehen und damit den Bogen überspannen, glauben viele Hundeliebhaber, daß man dem Hundekind eine ungebundene Jugend gönnen sollte. Ich gehörte einstmals selbst zu dieser Gruppe.

Inzwischen habe ich eingesehen, daß man Hundekindern keine größere Freude machen kann, als ihnen auf zwanglose Weise alles mögliche beizubringen. Ihr naturgegebener Lerneifer drängt nach Betätigung.

Nur so kommt man frühestmöglich zu einem wohlerzogenen Hund.

Das Lernprogramm zieht sich ohnehin über viele Monate hin, wenn alle Erschwernisse mit eingebaut werden. Verbote müssen ein Hundeleben lang immer wieder gegeben und befolgt werden.

Und die Zeit verfliegt in Windeseile. Ehe wir uns versehen, ist aus dem reizenden Hundekind schon ein Jugendlicher geworden.

Dabei hat sich der Hundefreund an die besonderen Eigenarten seines kleinen Freundes gewöhnt, und auch der kleine Hund lernt das Betragen seines Erziehers zu deuten. So »rauft« man sich zusammen.

Junghundezeit

Diese Phase in der Entwicklung des Hundes entspricht in etwa der Lausejungenzeit unserer eigenen Buben. Sie stellt uns vor neue Probleme.

Auch jetzt gibt es brave, artige, die wenig Schwierigkeiten machen, und solche, die gern auf Abenteuer aus sind. Letzteres ist grundsätzlich positiv zu werten, deutet es doch auf die erwünschte Risikofreudigkeit. Trotzdem müssen diesen Gelüsten rechtzeitig Grenzen gesetzt werden.

Dieses Selbständigkeitsstreben tut jedoch seiner grundsätzlichen Verbundenheit zu seinem Herrn keinen Abbruch. Aus dem Kind wird langsam ein Teenager und später der Kamerad, den man sich normalerweise erhofft.

Die frühkindliche Abhängigkeit muß nun auch bei den zaghaften Seelen langsam abgebaut werden. Die Frage der Vorherrschaft muß allerdings bis zu diesem Zeitpunkt eindeutig geklärt sein.

Nun kann es schon einmal vorkommen, daß an unser Durchsetzungsvermögen höhere Anforderungen gestellt werden. Unser cleverer Freund könnte von Gelüsten heimgesucht werden, die ihn mit seiner bisherigen Folgsamkeit in Konflikt geraten lassen.

Dann ist es langsam Zeit, neben der gezielten Verbotsdressur auch die Lernspiele zu Unterordnungsübungen zu benutzen. Aus der freundlichen Aufforderung zu diesen

Aktivitäten wird nun ein mehr oder weniger strenger Befehl. Dies jedoch möglichst nur, wenn unser Hund einmal nicht gefolgt hat. Auf solche Weise wird eine angeknackste Autorität wieder aufgemöbelt.

Eine kritische Phase

Im Alter von etwa einem halben Jahr zeigten alle unsere Hundekinder für eine kurze Zeit plötzlich ein auffallend verändertes Verhalten. Sie wurden deutlich »vorsichtiger« in ihrem Gehabe, was je nach Wesensveranlagung in anderer Weise zum Ausdruck kam. Die einen zeigten sich nur sichtlich unsicherer – andere wurden beinahe scheu. Dies fiel uns besonders in ihrem Verhalten im Verkehr auf.

Vermutlich handelt es sich hier um einen Instinkt, der noch aus dem Erbgut der Wildtierzeit stammt. Zu diesem Zeitpunkt ließ wahrscheinlich die Aufmerksamkeit der Eltern in der Betreuung ihrer Kinder nach. Die nun ins Jungtieralter wachsenden Nachkommen, die sich bis dahin vertrauensvoll auf deren Sorgfalt verlassen konnten, mußten jetzt selbst auf sich aufpassen. Das verunsicherte sie natürlich zunächst.

Der Erzieher sollte dies wissen und dem Kleinen solange verständnisvoll zur Seite stehen, damit er sich bald wieder fängt und seine alte Unbekümmertheit wiederfindet. So sind vor allem Milieuwechsel und andere erregende Unternehmungen in dieser Zeitspanne möglichst zu vermeiden. Sie werden jetzt viel schwerer verkraftet als normalerweise. Auch Wesenserprobungen müssen zu ganz falschen Ergebnissen führen.

Jetzt kommt auch die Zeit, in der viele junge Hunde vor Temperament und Tatendrang fast aus den Nähten platzen. Zum Glück dauert auch diese Phase nicht lange. Da muß man halt durch! Austoben durch ein tägliches Rennvergnügen straßauf -straßab, unterstützt durch geworfene Hundebiskuits, hilft.

Unsere Hündin wird läufig

Im Alter von 7-9 Monaten etwa wird unsere junge Hündin zum ersten Mal läufig. Selbstverständlich ist sie noch viel zu jung zum Kinderkriegen. Deshalb muß sie nun ganz besonders gehütet werden.

Kleinrassige Hündinnen dürfen bei der zweiten Hitze belegt werden, alle übrigen erst bei der dritten.

Schon bevor die eigentliche Zeit der »sichtbaren« Läufigkeit beginnt, fängt die Hündin damit an, ihren Urin – ähnlich wie Rüden – in kleinen Portionen abzusetzen. Sie will ihre Kavaliere natürlich schon rechtzeitig auf sich aufmerksam machen. Für den Besitzer ist dies das Signal, auf das erste Auftreten der Blutungen zu achten, was leicht übersehen wird. Von diesem Termin wird ausgegangen, um den Zeitpunkt der Hochläufigkeit und damit ggf. den besten Decktermin zu bestimmen.

Selbstredend muß die Hündin in dieser Zeit am besten fest im Hause gehalten werden. Sie würde sonst überall ihre Duftmarken verschwenderisch verteilen, und unser Domizil würde bald der Treffpunkt aller frei verfügbaren Rüden der Umgebung werden.

Von der zweiten Läufigkeitswoche an muß außerdem noch damit gerechnet werden, daß die Hündin versuchen wird zu entweichen, und liebestolle Rüden können die unglaublichsten Dinge anstellen, um an das Ziel ihrer Sehnsüchte heranzukommen. Eine sichere Verwahrung ist da meistens nur innerhalb des Hauses gewährleistet.

Hat man das Pech, in einer Gegend zu wohnen, in der es viele unbeaufsichtigte Freier gibt, dann kann diese Zeit zur Plage werden, wenn man nicht einige Vorsichtsmaßregeln ergreift.

Uns gegenüber wohnte einmal eine kleine Dackelhündin, die offenbar einen enormen Sexappeal hatte. Trotzdem schleppte Frauchen sie immer mit in den Ort und wunderte sich dann, wenn sie auf dem Heimweg eine ganze Rüdenschleppe hinter sich her zog, die danach tagelang das Haus belagerte.

So darf man es natürlich nicht machen. Es versteht sich eigentlich von selbst, daß man in dieser kritischen Zeit mit der Hündin möglichst daheim bleibt. Für die unerläßlichen Notwendigkeiten sollte ein möglichst weit vom Haus entferntes abgelegenes und *windgeschütztes* Örtchen angepeilt werden. Oft empfiehlt es sich sogar, dieses im Laufschritt aufzusuchen; denn unsere Hündin ist natürlich an dieser Vorsichtsmaßnahme nicht im geringsten interessiert.

Das beste Mittel, um sich unerwünschten Rüdenbesuch fernzuhalten, ist es, die Hündin ins Auto zu setzen und den nächstgelegenen passenden Platz anzusteuern. Damit kann man verhindern, daß eine Duftspur zu unserem Haus gelegt wird. Fern der Heimat können auch Spaziergänge in einsamen Gegenden riskiert werden.

Auch die Chemie hat sich mit diesem Problem befaßt. Chlorophyll-Tabletten sollen den Brunstgeruch neutralisieren. Es gibt auch Mittel, die, in das Fell der Hündin verrieben, die interessierten Rüden »ernüchtern« sollen. Sie »duften« aber auch penetrant in der Wohnung.

Reinliche Hündinnen sind bestrebt, das austretende Blut sofort zu beseitigen. Sollten doch einmal Bluttröpfchen verlorengehen, sind sie leicht mit etwas lauwarmem Wasser zu beseitigen. Nur antrocknen lassen darf man sie nicht.

Es gibt auch zweckdienliche Höschen in verschiedenen Größen, die eine Einlage aus Papiertaschentüchern erhalten. So wird ein Beschmutzen der Wohnung verhindert, sofern sie von der Hündin nicht in Sekundenschnelle zerrissen werden. Die Hitze dauert in der Regel drei Wochen. In den ersten 8-10 Tagen will die Hündin noch von keinem Rüden etwas wissen. In der folgenden Woche steigert sich dann von Tag zu Tag ihre Paarungsbereitschaft, um für gewöhnlich, etwa ab dem 15.-16. Tag, abrupt wieder abzuklingen. Diese Vorgänge können individuell recht verschieden sein, da ja auch die Intensität des Fortpflanzungstriebes nicht bei allen Hunden gleich ist. Es soll Hündinnen geben, die nur wenige Stunden – andere, die 6-8 Tage paarungslustig sind. Um kein Risiko einzugehen, ist die Hündin drei Wochen unter Verschluß zu halten.

Zu beachten ist auch noch, daß selbst dick miteinander befreundete Hündinnen ausgesprochen streitsüchtig miteinander werden können, wenn eine von ihnen »ihre Zeit« bekommt. Auch dies beginnt schon, bevor die eigentliche Läufigkeit sichtbar einsetzt.

Unerwünschte Schwangerschaften

Sollte es doch einmal zu einer nicht programmierten intimen Begegnung gekommen sein, gibt es die Möglichkeit, der Hündin innerhalb der ersten fünf Tage nach dem unerwünschten Deckakt vom Arzt eine Spritze geben zu lassen, die das werdende Leben im Keim erstickt.

Die meisten Ärzte raten jedoch heute dazu, die Hündin die Welpen austragen zu lassen und ihr diese gleich nach der Geburt fortzunehmen. Dieses Verfahren wirft natürlich andere Probleme auf, mit denen sicher nicht jeder fertig wird.

In jedem Fall ist dringend davon abzuraten, solche Welpen aufzuziehen. Eine Hundekinderstube ist zwar eine ganz reizende Sache. Aber ganz abgesehen von der Mühe und der finanziellen Belastung, kann sich in solch einem Fall das Ganze später zu einem kummervollen Problem auswachsen.

Will man allen diesen Schwierigkeiten von vornherein aus dem Wege gehen, wird neuerdings dazu geraten, Hündinnen, mit denen nicht gezüchtet werden soll, sterilisieren zu lassen. In Amerika ist dies bereits allgemein üblich. Es ist aber auch nicht ohne Risiko. Dieser Eingriff sollte allerdings erst vorgenommen werden, wenn die Hündin voll ausgewachsen ist. Die erste Hitze muß wenigstens durchgestanden werden. Ein

Trächtigwerden der Hündin kann man mit der »Antibabyspritze« verhindern. Bei dieser Therapie ist besonders auf den richtigen Zeitpunkt der Injektion zu achten: 4½ Monate nach *Beginn* der letzten Läufigkeit.

Unser Ausreißer

Irgendwann wird es mit ziemlicher Sicherheit einmal dazu kommen, daß unser freilaufender junger Freund uns auf und davon geht, verlockt von einem Hasen, einer Katze oder dgl. Dann brauchen wir nicht gleich den Kopf zu verlieren. Die Gefahr, daß er etwas anstellt oder sich gar verläuft, ist nicht sehr groß. Je weiter er sich von uns entfernt, um so mehr verläßt ihn auch seine Abenteuerlust. Bald wird er zurückgesaust kommen.

Ihn dann mit einem Donnerwetter zu empfangen wäre unklug. Lieber verstecken wir uns irgendwo in der Nähe. Der Schreck, uns nicht mehr vorzufinden, wird ihm ganz schön und heilsam in die Glieder fahren.

Bei dieser günstigen Gelegenheit können wir auch gut beobachten, wie unser Schützling in solch einer Situation reagiert. Manche Junghunde versuchen sofort, Herrchens Spur zu finden, und haben ihn natürlich sehr bald entdeckt. Andere werden nervös und rennen planlos umher. – Ganz gut, wenn man darüber im Bilde ist.

Von dem Ort der Trennung sollte man sich aber nicht zu weit entfernen, damit man notfalls einlenken kann. Dorthin kommt der Ausreißer nämlich normalerweise gezielt zurück– manchmal aus einer ganz anderen als der Startrichtung.

In Zukunft heißt es dann, wachsam zu sein und den Liebling nicht aus den Augen zu lassen. Ein erneutes Ausbüxen ist nur zu verhindern, wenn man ihm schon mit einem scharfen *»Platz!«* in die Parade fahren kann, sobald er nur Miene macht abzuhauen. Die Anzeichen hierfür sind unmißverständlich.

Statt also den Horizont nach »verdächtigen Objekten« abzusuchen, beobachtet man besser seinen Lausestrick, um ihn bei Bedarf sofort bremsen zu können. Da kann es auf Sekunden ankommen. Deshalb müssen wir den Brems-Befehl: »Platz!« in unserem Gehirn so bewußt programmieren, daß wir ihn blitzschnell parat haben, wenn es erforderlich ist.

In solch einer brenzligen Lage wirkt das scharfgegebene Kommando: »Platz!« auf den Hund zunächst als Bremse. Er ist zwar auf das Niederlegen eingefuchst, jedoch steht das spannende Geschehen ringsum der korrekten Ausführung dieses Befehls im Wege. Wie also soll man sich aus der Affäre ziehen?

Sowie ich »Troll« in die Parade fahre, wenn er gerade mal einer Sensation nachjagen möchte, bleibt er zunächst wie angewurzelt stehen. Sich hinzulegen ist unter diesen Umständen für ihn einfach nicht »drin«. Deshalb folgt von meiner Seite sofort das Kommando: »Steh! . . . Bleib da!«. Dies wird mit drohendem Unterton so lange wiederholt, bis ich ihn anleinen kann, dazwischen – wenn nötig – auch noch mal ein scharfes »Platz!«. Ununterbrochener *Rufkontakt* ist hierbei wichtig. So haben wir uns ohne Autoritätsverlust arrangiert.

Es gibt allerdings auch Hunde, die sogar noch im Absprung wie vom Blitz gefällt zu Boden gehen, wenn der Befehl dazu ertönt. Dies glückt wohl nur bei erwachsenen Hunden, die entweder von Natur eine sehr stark ausgeprägte Subordinationsbereitschaft mitbekommen haben oder die auf einen bedingungslosen Gehorsam *gedrillt* wurden. Beides ist nicht besonders wünschenswert, da dies eine unschön-unterwürfige Grundhaltung zur Folge haben kann.

Ist unser Ausreißer jedoch bereits in Fahrt und aus unserem engeren Einflußbereich ausgebrochen, sind wir machtlos. Völlig sinnlos, dann hinterherzubrüllen! Möglicherweise *kann* er uns in voller Fahrt mit angelegten Ohren gar nicht hören. Wir würden nur die spottlustige Mitwelt aufmerksam machen. Erst nach einer Weile hat es Zweck, zu rufen oder – noch besser – zu pfeifen.

Ein schriller Pfeifton wirkt natürlich besonders alarmierend, vor allem, wenn der Hund in einer gespannten Gemütsverfassung ist. Deshalb ist es gut, diesen für »besondere Fälle« zu reservieren und ihn auch nicht schulungsmäßig zu üben. Die Gewöhnung würde seine Wirkung abschwächen. Wer nicht auf den Fingern pfeifen kann, hängt sich am besten eine lautlose Hundepfeife um den Hals. Sie hat noch den Vorteil, daß sie für menschliche Ohren nicht wahrnehmbar ist und unser Mißgeschick nicht weiter auffallen läßt.

Auch dann, wenn das Ziel unseres Durchbrenners mal *nur* ein hochinteressanter Artgenosse sein sollte, wäre es sinnlos – ja sogar ganz falsch –, hinter ihm her zu zetern, wozu man sich natürlich leicht hinreißen läßt. Wir haben kaum mehr eine Chance, den Wildfang zu bremsen, würden aber die Gegenseite unnötig verunsichern. Da ist es besser, Ruhe zu bewahren und dem anderen Hundeführer zu signalisieren, daß unser Hund zu der freundlichen Sorte gehört. Dieses Verfahren hat bei uns immer funktioniert. Viele Hundekarambolagen entstehen nur durch ängstliches Verhalten der Begleitung.

Daß von vornherein nur solche Hunde frei laufen dürfen, die sich mit ihren Artgenossen auf unproblematische Art zu verständigen wissen, sollte eigentlich selbstverständlich sein. Raufer gehören immer an die Leine.

Verflixter Verfolgungstrieb

Hunde, die einen starken Verfolgungstrieb vererbt bekamen, neigen natürlich besonders dazu, Versuchungen in dieser Richtung zu erliegen. Es hängt immer von den entsprechenden Begleitumständen ab, ob man ein Risiko eingehen kann. Unser junger Spund hat kaum Aussicht, auf einer Jagd erfolgreich zu sein. Der Hase im Feld hängt ihn ab mit seinem gekonnt-berühmten Haken, die Katze entschwindet in höhere Regionen. Unserem Schützling geht es wohl vornehmlich um die Rennerei.

Ihm diese Jagd gezielt abzugewöhnen ist schwierig, da man sich einen Hasen als Erziehungsobjekt kaum beschaffen kann.

Ganz Unverbesserlichen könnte man den Wind aus den Segeln nehmen, indem man etwas an ihrem Halsband befestigt, das ihnen beim Galoppieren vor die Läufe gerät . . . etwa eine kurze sog. Hundepeitsche.

Ein starker Verfolgungstrieb verleitet auch manchen jungen Hund dazu, hinter Motorrädern oder Autos herzujagen. Dies kann einfacher unterbunden werden.

Zu diesem Zweck nehmen wir einmal ausnahmsweise ein Stachelhalsband zu Hilfe, dazu die etwa 3 m lange Leine. Dann begeben wir uns zu einer flüssig befahrenen Landstraße und bleiben an ihrem Rand stehen. Die Leine wird locker gehalten. Macht unser Hund nun Miene, hinter einem Fahrzeug herzustürmen, kommandiert man energisch: »Platz!« und dann sofort »Sitz! . . . Bleib da!« oder »Steh! . . . Bleib da!«. Reagiert er nicht auf das »Platz!« und jagt los, dann ist er selbst schuld, wenn er unliebsame Bekanntschaft mit dem Stachelhalsband macht. Es versteht sich von selbst, daß wir ihn obendrein noch energisch zurückreißen müssen.

Weiche Hunde lernen es schnell, unliebsame Erlebnisse zu vermeiden. Harte, ungebärdige Burschen, die womöglich noch einen starken Verfolgungstrieb haben, verhalten sich da dickfelliger. Man muß sie härter anfassen, um zum Ziel zu kommen.

Dabei ist zu bedenken, daß man dem Hund wohl *Triebhandlungen* gezielt abgewöhnen kann. Der Trieb selbst wird dadurch nicht ausgemerzt.

Neben dem Verfolgungstrieb spielt bei solchen Anlässen auch noch das Bedürfnis, zu rennen und sich auszutoben, besonders bei jugendlichen Hunden eine Rolle. Deshalb ist es empfehlenswert, täglich eine kleine Rennerei in das Tagesprogramm einzubauen. Dabei sollte die »Rennstrecke« möglichst lang sein. Durch die Mitwirkung von zwei Personen kann dieser Spaß noch vergrößert werden. Auf diese Weise kann das Rennbedürfnis unter Kontrolle gehalten und dadurch das Interesse am Durchbrennen verringert werden. Selbstverständlich darf der Hund dabei nicht überanstrengt werden.

Unser Einflußbereich

Es versteht sich von selbst, daß unser freilaufender Hund unseren Kommandos um so zugänglicher ist, je näher er sich gerade bei uns befindet. Deshalb ist unser Einflußbereich eine Betrachtung wert.

Je zaghafter und abhängiger unser Hund veranlagt ist, um so »braver« ist er, und um so größer kann der Umkreis sein, in dem er sich frei bewegen darf, ohne daß wir ihn aus der Kontrolle verlieren. Solche Hunde sind auch von sich aus bestrebt, in unserer Nähe zu bleiben. Ihr Anlehnungsbedürfnis ist grundlegend stärker als ihre Unternehmungslust. Man kann sie daher unbesorgt frei laufen lassen.

Bei temperamentvollen, risikofreudigen Kerlen sieht die Sache anders aus. Ihr Erlebnisdrang ist stärker als ihr Schutzbedürfnis. Sie entfernen sich daher unbekümmert weiter von ihrem Herrn, ohne sich jedoch – ohne besonderen Grund – einfach selbständig zu machen. Normalerweise bleiben auch sie in der Nähe. Nur beträgt – entsprechend ihrer härteren Wesensart – die Entfernung, in der man sie zuverlässig in der Hand hat, oft nur wenige Meter.

Es ist recht mühsam, einen freilaufenden unternehmungslustigen Junghund immer in diesem Einflußbereich zu halten. Dies erfordert stetige Aufmerksamkeit des Führers, der seinen Hund ständig mit Lockrufen und Kommandos dirigieren muß.

Auch für den Hund ist diese andauernde Gängelei nicht besonders gut, da sie seine Aktivitäten zu sehr einengt. Seine Entwicklung zur Selbständigkeit kann so empfindlich gestört werden. Lieber läßt man solche Hunde nur dort frei laufen, wo sie getrost auch einmal etwas weiter entfernt von uns stromern können und wo ggf. ein Ausrücken noch keinen Weltuntergang bedeutet. Die Hunde genießen solche Unternehmungen sichtlich, die so auch von großem erzieherischen Wert sind.

Bedauerlicherweise sind derartige Gelegenheiten für gewöhnlich ziemlich selten, und man muß oft weit fahren, um solche Plätze zu finden. Meistens ist man gezwungen, seinen Hund – besonders einen größeren – unter steter Kontrolle zu halten.

Leider gibt es viele Leute, die vor freilaufenden großen Hunden Angst haben. Es wäre rücksichtslos, dies nicht zu beachten.

Anfänger finden es ohnehin oft problematisch, einen jungen Hund unangeleint spazieren zu führen. Besonders dann, wenn die Früherziehung vernachlässigt wurde, kennt man seinen Hund nicht gut genug, um seiner sicher sein zu können. Möglicherweise ist dann auch die Führerrolle noch nicht genügend gefestigt.

Oder es kommt ein fremder Hund ins Haus, dessen Verhaltensweisen man noch nicht kennen kann. Dann braucht man natürlich etwas zum Festhalten.

Die Leine

Die übliche *kurze Leine* engt die Bewegungsmöglichkeit der Hunde sehr stark ein, besonders dann, wenn der Führer obendrein auch noch das perfekte »Bei-Fuß-Gehen« verlangt.

Für den Hund bedeutet dies etwa das gleiche wie für ein Kind, das mit verbundenen Augen durch einen Spielzeugladen geführt wird. Er findet an Wegrändern höchst interessante Informationen. Soll man ihm diese Lebensfreude wirklich vorenthalten? Er hat doch auch seine heißen Wünsche.

Kann man es sich nicht leisten, seinen allzu unternehmungslustigen Kameraden frei laufen zu lassen, bietet sich noch eine andere Lösung an: *die lange Leine.*

Vielerorts ist das Führen an der Leine obligatorisch. Es steht jedoch nirgends geschrieben, wie lang diese zu sein hat.

Der Sattler fertigt uns gern eine etwa 7 mm breite und etwa 2,5 bis 3 m lange Leine mit einem leichten Karabinerhaken an. In unserem Bekanntenkreis erfreuen sich solche größter Beliebtheit. Es gibt auch leichte Leinen aus einem Geflecht von dünnen Nylonfäden, die im Handel wesentlich billiger sind. Sie haben den Vorteil, daß sie kaum zerbissen werden können, sind aber für manche Zwecke etwas zu leicht.

Eine solche Leine erlaubt unserem Schüler wenigstens eine begrenzte, dafür aber unbelastete Freiheit. Trotzdem haben wir ihn, ohne selbst allzusehr strapaziert zu sein, auch in kritischen Situationen zuverlässig in der Hand. Unser Schüler wird dann ggf. durch die üblichen Befehle dirigiert. Die Leine fungiert nur als Sicherheitsbindung.

An die Handhabung dieser Leine muß man sich allerdings erst gewöhnen. Dies ist kein Problem, wenn man sich in der ersten Zeit dafür beide Hände frei hält. Die Leine sollte locker geführt werden, jedoch nicht über den Boden schleifen. Am besten hält man das Ende in der rechten Hand und reguliert jeweils mit der linken den passenden Abstand. Nach etwas Übung genügt auch eine Hand zur Führung.

Diese Leine ist lang genug, daß unser Hund normalerweise nicht zu ziehen braucht, um seiner großen Lieblingsbeschäftigung, der intensiven Schnüffelei, nachzugehen. Eine kurze Leine erlaubt ihm das nicht.

Natürlich muß auch die lange Leine kurz gefaßt werden, wenn wir in ein Verkehrsgewühl oder in eine brenzlige Lage kommen. Aber das ist kein Problem, wenn unser Freund das ordentliche »Bei-Fuß-Gehen« auf Anweisung gut beherrscht.

Von Nachteil allerdings ist, daß man bei dieser Führweise natürlich etwas nachlässig wirkt und wohl kaum bewundernde Blicke seitens der Passanten erntet.

Für klassenbewußte Hundesportler ist es oft einfach eine Sache des Prestiges,

Abb. 31. Spaziergang mit der langen Leine – eine Erleichterung für Herrn und Hund.

daß ihre Begleiter immer korrekt mit und ohne Leine bei Fuß gehen. Es ist eben so Usus. Man macht gedankenlos mit, ohne sich einmal zu überlegen, was dies für einen Hund bedeutet.

Natürlich muß ein großer – ja auch schon ein mittelgroßer – Hund gelernt haben, bei Bedarf vorschriftsmäßig an der Seite seines Herrn zu gehen. Auch beim Hundesport ist nichts dagegen einzuwenden, da ihm hier ja nur für kurze Zeit dieser Zwang auferlegt wird. Ihm dies aber *ständig* abzuverlangen . . .

Übrigens ist es nicht sehr erwünscht, daß der Hund immer sein Halsband trägt. Es tut dem Fell nicht besonders gut. Am besten ist für den Ausgang ein leichtes Gliederhalsband, das man auch auf Würgezug stellen kann. Damit hat man selbst einen großen Hund gut in der Hand.

Das Zughalsband muß so angelegt werden, daß sein loses Ende, an das die Leine gekoppelt wird, über den Nacken verläuft. Bei Gefahr zieht sich das Halsband dann zu, ohne zu klemmen. Ungebärdige Junghunde sind in heiklen Situationen leichter zu beherrschen, wenn wir ihnen ggf. die Halskette unter die Kehle ziehen und die Leine kurz fassen.

Das Stachelhalsband sollte nur für die Verbotsdressur verwendet werden.

Aggressivitäten unter Hunden

Der Jugendliche und die Großen

Auch unseren Jugendlichen können wir unbesorgt den Umgang mit ihresgleichen erlauben. Für gewöhnlich benehmen sie sich weiter gesittet, wenn sie dies von klein auf gewöhnt sind. Noch sieht man in den Erwachsenen die Respektsperson, und auch die Großen ihrerseits nehmen diese jungen Spunde noch nicht für voll. Das geht noch viele Monate so. Diese Kontakte sind sehr wichtig. Der Hund erprobt soziales Verhalten und sollte mit möglichst vielen Rassen seiner Spezies Hund zusammengebracht werden. So lernt er, daß ein Pudel, ein Dackel auch Hunde sind. Auf Spaziergängen gibt es meist Gelegenheit zu solchen Begegnungen. Verabredungen mit befreundeten Hundebesitzern sind ebenfalls empfehlenswert.

Bei derartigen Anlässen kann sich dann auch der Besitzer des jungen Hundes von der Harmlosigkeit normaler Hundebegegnungen und dem hoffentlich vernünftigen Verhalten seines eigenen Schützlings überzeugen.

Nur Kontakte mit offensichtlich ängstlichen Hundebesitzern sollte man besser meiden. Sie sind meistens unbelehrbar, und mit ihren meist ebenso verunsicherten Hunden kann es leicht zu Differenzen kommen.

Ernstlich kämpfen wird ein erwachsener Hund mit einem Jugendlichen nicht. Es kann allerdings vorkommen, daß er ihn mal grob anfährt, wenn der junge ihn mit seinen Ergebenheitsbezeigungen gar zu lästig bedrängt. Schließlich ist diese Abwehr sein gutes Recht. Dies genügt dann vollauf, um den Wildfang genügend einzuschüchtern, und das ist ja auch der Zweck der Übung. Solange man den Dingen ihren Lauf läßt und sich nicht unnötig einmischt, besteht keine Gefahr.

Unter Hunden, die sich kennen, kann es auch vorkommen, daß der ältere einmal das »Bedürfnis« hat, den schon etwas Herangewachsenen zusammenzustauchen. Vermutlich will er klarstellen, daß er *noch* der Stärkere ist. Ein besonders gutes Licht wirft dies allerdings nicht auf ihn. Ein seiner Überlegenheit sicherer Hund hat dies nicht nötig.

Als unser Troll heranwuchs, lebte in unserer Nachbarschaft ein netter Schäferhund, dem wir oft begegneten. Solange Troll noch ein ungebärdiges wildes Kind war, durfte er sich Isor gegenüber viel herausnehmen, und wir konnten dessen Ritterlichkeit nur bewundern.

Das änderte sich, als Troll größer und größer wurde und dem mittelgroßen Isor bald über den Kopf wuchs. In diesem Stadium hielt Isor es dann für nötig, jedesmal, wenn wir uns trafen, über Troll herzufallen. Beide Hunde durften frei laufen. Troll duckte sich dann auf den Boden und ließ die Rempelei über sich ergehen. Er war einfach noch zu unreif, um sich schon wehren zu *können,* und das war ja nur gut. So war Isor unfähig, ihm etwas anzutun. Ich sah dem Ganzen natürlich nicht gerade mit Begeisterung zu. Hätte ich mich aber eingemischt, wären diese Attacken sicher nicht so harmlos verlaufen.

Als Troll dann erwachsen war, wich Isor bezeichnenderweise allen Begegnungen aus. In diesem Fall ging es um die Rangordnung.

Wir erlebten aber auch Fälle, die wesentlich emotionsgeladener waren.

Unsere »Farna« haßte mit Inbrunst die kleinen Hündinnen, die im Laufe der Jahre bei uns für längere Zeit zu Gast waren. Eifersucht! Zu verdenken war es ihr nicht! Wir waren daher natürlich sehr bemüht, Kollisionen zu vermeiden. Aber dann kam es doch einmal dazu.

Ein frenetisches Entsetzensgeschrei der damals noch kleinen Zola, untermalt von Farnas erbostem Fauchen, riß uns eines Tages aus süßem Morgenschlummer. Bis wir uns aufgerappelt und die nötigsten warmen Textilien übergeworfen hatten, war eine

Abb. 32. Lauter wild gefletschte Zähne beim harmlosen Raufspiel.

ganze Weile vergangen. Wir erwarteten eigentlich, von Zola nur noch Fetzen vorzufinden.

Aber weit gefehlt! Sicher hätte Farna liebend gern die lästige kleine Konkurrenz aus dem Wege geräumt. Aber das war ihr offensichtlich einfach nicht möglich. Sie konnte ihr nicht einmal die geringste Verletzung zufügen.

Zola hatte sich ihr mit der Geste bedingungsloser Unterwerfung regelrecht vor die Füße geworfen, und das machte es Farna unmöglich, ihr Mütchen an ihr zu kühlen. Ihr gottlob gesunder Instinkt verbot es ihr. Sie bohrte nur wutentbrannt ihren weitgeöffneten Fang in Zolas Pelz, was lediglich zur Folge hatte, daß diese vom Nacken bis zum Rutenansatz durch und durch mit Geifer beschmiert war. Das war aber auch alles, was ihr zugestoßen war.

Interessant war auch das Verhalten von unserem Filou bei dieser Begebenheit. Da er gerade als Schutzhund vom Dienst im Hause Wache schob, als draußen das Spektakel losging, schickte ich ihn als ersten in den Garten in der stillen Hoffnung, daß er Ordnung schaffen würde. Darin sah ich mich allerdings getäuscht. Er verfolgte zwar höchst interessiert den Lauf der Dinge, griff aber nicht in die Auseinandersetzung ein. Als ich mir dann Farna geschnappt hatte, floh Zola im ersten Impuls unter den nächsten Busch. Anstatt aber dort zu bleiben, war sie bald erneut bestrebt, sich Farna wieder vor die Füße zu werfen.

Jetzt erst wurde auch Filou aktiv, indem er umsichtig und erfolgreich verhinderte, daß Zola dies gelang. Er ließ sie einfach nicht unter ihrem Busch hervor.

Offensichtlich mischen sich unbeteiligte Hunde nicht in einmal ausgebrochene Streitigkeiten ihrer Kumpane ein. Ich habe dies nie erlebt. Sie folgen da sicher einem gesunden Instinkt, an dem wir uns ein Beispiel nehmen sollten.

Einige Monate später – Zola war inzwischen 13 Monate alt geworden – gab es einen ähnlichen Zwischenfall. Als ich dieses Mal dazu kam, um mir Farna beim Wickel zu schnappen, versuchte Zola sich bei meinem Erscheinen gegen ihre Feindin zur Wehr zu setzen. Dieses Mal trug sie eine leichte Schramme an der Flanke davon!

Sobald die Geste der Unterwerfung aufgegeben wird, entfällt für den Angreifer die Hemmung, die das Zubeißen unterbindet. Ich hatte also Zola gar keinen Gefallen getan, indem ich ihr hatte helfen wollen. Sie fühlte sich dadurch stärker, als sie eigentlich war. Das wurde ihr zum Verhängnis. Heute würde ich mich nicht mehr einmischen. Eher würde ich mich etwas entfernen.

Solche Vorkommnisse sind äußerst selten. Ich habe darüber berichtet, um darzustellen, daß normalerweise, selbst in sehr kritischen Lagen, für den Jugendlichen nichts zu befürchten ist. Daß er dabei allerdings den kürzeren ziehen muß, damit sollte man sich abfinden. Das schadet ihm aber nicht im geringsten.

Wenn Hunde sich begegnen

Es gibt viele Hundefreunde, die bestrebt sind, jedes Zusammentreffen ihres Vierbeiners mit anderen Artgenossen peinlich zu vermeiden, in dem Glauben, daß jedesmal ein nervtötender Wirbel die Folge sein müsse. Andere wieder vertreten die Ansicht, daß ein wohlerzogener Hund einfach kein Interesse an anderen Hunden haben dürfe.

So kommt es, daß sehr viele Hundebesitzer keine Ahnung davon haben, auf welche Weise sich ihre Hundekameraden mit ihresgleichen arrangieren. Sie rechnen mit Mord und Totschlag und benehmen sich entsprechend. Dabei verlaufen die allermeisten zufälligen Hundebegegnungen absolut friedfertig, da normalerweise überhaupt kein Grund für eine Fehde vorliegt.

Deshalb möchte ich hier einmal von einer Anzahl typischer Begebenheiten berichten, die sich im normalen Alltag abspielten und die geeignet sein könnten, Verständnis für die verschiedenen Verhaltensweisen zu vermitteln.

Wir wandern öfters durch ein brachliegendes Ufergelände, wo wir unseren Troll unbesorgt frei laufen lassen können, eine Gelegenheit, die auch von anderen Hundebesitzern gern wahrgenommen wird. So kommt es oft zu aufschlußreichen Begegnungen.

Kürzlich hatten wir einen interessanten Tag. Gleich zu Anfang unseres Weges kam uns im Gefolge einer Reiterin ein bildschöner, fröhlicher deutscher Schäferhund entgegen.

Die beiden Hunde liefen zunächst in ruhigem Trab, dann in der typischen leicht geduckten Haltung mit weit vorgestreckter Nase, mit der sich fremde Hunde einander zu nähern pflegen, immer zögernder aufeinander zu.

Auf unerfahrene Hundler wirkt dies ausgesprochen bedrohlich. Aber die beiden Ruten schwangen– Freundlichkeit signalisierend – locker über die Rücken, die Ohren waren aufmerksam nach vorn gerichtet. Alles beruhigende Anzeichen.

Es kam dann auch zu einem harmlos-friedlichen Zusammentreffen, das beide Hunde mit eifrigem gegenseitigen Beschnüffeln sichtlich genossen.

Die Reiterin hatte etwas abseits zunächst angehalten. Als sie sah, daß keine Komplikationen zu erwarten waren, trabte sie in flottem Tempo davon – das Gescheiteste, was sie tun konnte.

Auch wir setzten unseren Weg fort, ohne uns weiter um die Hunde zu kümmern. Sie mochten sich lange nicht trennen. Schließlich aber gab sich doch der Fremde einen Ruck und jagte wie ein geölter Blitz hinter seiner entschwindenden Herrin her, und Troll hatte das traurige Nachsehen.

So verhalten sich zwei selbstbewußte, kontaktfreudige Hunde, wenn sie sich allein auf neutralem Gebiet begegnen.

Einige hundert Meter weiter: wieder ein Schäferhund! Dieser stand mutterseelenallein am Wegrand und rührte sich nicht von der Stelle, als Troll ruhig – wie gehabt – auf ihn zustrebte. Beide Hunde waren freundlich interessiert. Aber während Trolls Rute wieder selbstbewußt hoch über dem Rücken schwang, bekam der andere sie nur halb hoch zum verhaltenen Wedeln. Er war deutlich weniger selbstbewußt als Troll. Hierbei muß allerdings in Rechnung gestellt werden, daß Troll durch unsere Anwesenheit eine moralische Stütze hatte, die dem anderen fehlte.

Dieser löste sich dann auch bald von Troll und lief davon in die Richtung, die auch wir einschlagen wollten. So trafen wir ihn bald wieder – diesmal in Begleitung eines jungen Mannes.

Sofort nahmen die beiden Hunde ihre Kontakte wieder auf in absolut friedfertiger Weise, wobei dieses Mal auch der andere Hund zu Troll hinlief. Er hatte ja nun Rükkendeckung, und man kannte sich bereits.

Als der junge Mann dies sah, spurtete er los, offensichtlich in der Absicht, seinen Hund zurückzureißen. Meine Zurufe, die ihn bremsen sollten, verhallten ungehört. So nahm das voraussehbare Spektakel seinen Lauf. In dem Moment, in dem der Mann seinen Hund fassen wollte, griff dieser Troll an, und es kam zu einer schönen Prügelszene, da Troll sich natürlich zur Wehr setzte.

Hier handelte es sich aber wirklich nur um eine Prügelei und nicht um einen ernsthaften Kampf, für den es ja gar keinen Anlaß gegeben hätte. Man rempelte mit viel Stimmaufwand vor allem mit Schultern und Vorderläufen. Die Bisse waren mehr markiert und gingen meistens sogar nur in die Luft. – Je mehr Spektakel veranstaltet wird, um so harmloser ist die Geschichte. – Hier dauerte der ganze Trubel keine halbe Minute, und Blessuren gab es selbstverständlich auch nicht.

Schuld an dieser Keilerei war aber nicht einer der Hunde, die sich absolut vernünftig betragen hatten, sondern das Fehlverhalten dieses Besitzers. Ich habe ihm dann auch ganz schön Bescheid gesagt, und er verstand die Welt nicht mehr. Hatte er doch nur das Beste gewollt. Er konnte einfach nicht verstehen, daß er das ganze Debakel durch sein gutgemeintes Eingreifen erst ausgelöst haben sollte. Solche Begebenheiten erlebten wir oft genug, und immer passierte das gleiche.

Zwei Tage später trafen wir auf einen Dalmatiner, der auch von einem jungen Mann geführt wurde. Wieder liefen die beiden Hunde – freundlich gestimmt – zueinander, um sich zu unterhalten. Auch dieser junge Mann machte Miene, sich auf seinen Hund zu stürzen. Diesmal gelang es mir jedoch, ihm rechtzeitig in die Quere zu kommen. Er stand dann da – starr vor Staunen – und konnte es nicht fassen, daß sein Hund keine

Abb. 33. Typisch – die giftige Abwehrreaktion des Jüngeren – Schwächeren.

Anstalten machte, sich mit Troll anzulegen. Bisher habe es bei solchen Anlässen immer Ärger mit ihm gegeben, berichtete er. – Kein Wunder!

Diese jungen Männer handelten bei ihrem Eingreifen natürlich in allerbester Absicht. Nur war es leider nicht die richtige Methode.

Wenn sich zwei Hunde in einer kniffligen Situation befinden, sollte alles unterlassen werden, was sie aus der Fassung bringen könnte. So sollten sich alle Beteiligten mucksmäuschenstill verhalten. Wenn überhaupt, darf nur beruhigend eingewirkt werden. Wenn die Lage brenzlig zu werden droht, kann auch ein dumpfes Drohen wirkungsvoll sein.

Am besten aber ist es, wenn sich die gegnerischen Begleiter in entgegengesetzten Richtungen entfernen. Mit dem Entzug der moralischen Führerstütze wird die Angriffslust erheblich herabgesetzt. Nur tut dies so bald niemand, weil man nicht den Anschein erwecken möchte, daß man sich seiner Verantwortung entziehen will. Trotzdem ist dies in vielen Fällen das einzig Richtige.

Durch die wohlgemeinte – aber falsche – Mitwirkung der Hundebesitzer werden viele Auseinandersetzungen zwischen Hunden erst zum Ausbruch gebracht, oder sie geraten unnötigerweise in ein unkontrollierbares Fahrwasser.

Geschützt durch Instinkte

Bei den vorherigen Beispielen handelte es sich um Hunde etwa gleicher Größe.

Viel problematischer ist es selbstverständlich, wenn bei einer Begegnung zwischen

Groß und Klein die Hundeführer die Nerven verlieren. Es ist ja nur natürlich, daß man seinen so offensichtlich schwächeren Liebling retten möchte.

Dazu ein typisches Beispiel! Neulich berichtete mir eine gute Bekannte empört, daß ihr Dackelchen von einem Schäferhund böse gebissen worden sei, so daß sie mit ihm zum Tierarzt mußte. Mich interessierte natürlich der genaue Hergang der Affäre.

Da war also ein freilaufender Schäferhund neugierig zu ihrem Dackel gekommen, der sich sofort auf den Rücken geworfen hat. Daraufhin hat der Große mit seiner Nase an das Bäuchelchen gestoßen. Sie habe entsetzt geschrien, worauf der Besitzer des Schäferhundes diesen zurückgerissen habe.

In Wirklichkeit hat wohl der Hund nur an der so bereitwillig dargebotenen Intimsphäre schnuppern wollen. Meine Bekannte hatte dies mißverstanden und durch ihr Geschrei auch den Führer des Großen zum Eingreifen veranlaßt. Vor Schreck hat dann der Schäferhund den Kleinen ins Bäuchlein gezwickt – keineswegs aber gebissen. Es hatte in diesem Fall in Wirklichkeit nur eine leichte Schramme gegeben. Die Besitzerin gab ehrlich zu, daß sie sich den Gang zum Hundedoktor hätte sparen können. Aber es besänftigt sicher das Gemüt, wenn man als kleine Rache für gehabte Aufregungen der Gegenseite eine saftige Arztrechnung präsentieren kann.

Alle aufgebauschten Stories, die anschließend dann verbreitet werden, entspringen wohl ähnlichen Motiven und sind so schön geeignet, sich interessant zu machen. Sie sind wohl der Hauptgrund für die Verunsicherung so vieler Hundebesitzer.

Es war der Dame nicht klarzumachen, daß sie mit ihrem Geschrei den ganzen Wirbel verursacht hatte. Sie glaubt im Gegenteil noch heute, daß sie dadurch ihrem Liebling das Leben gerettet habe.

Es sind gewiß edle Motive, die uns veranlassen, den Schwachen gegen die Willkür der Starken helfend beizuspringen. Aber die Natur schützt ihre Kinder viel wirkungsvoller, als wir es je könnten. Die Instinkte veranlassen den Schwächeren zur Unterwerfung, womit die ritterliche Haltung des Überlegenen ausgelöst wird. Da heißt es auch, die Nerven zu behalten und sich besser nicht einzumischen.

Ausnahmen bestätigen die Regel

Trotz alledem kann es – wenn auch nur selten – gelegentlich bei Hundebegegnungen zu Raufereien kommen, ohne daß das unvernünftige Verhalten der Begleitpersonen die Ursache dafür ist.

Da gibt es von Natur streitsüchtige Hunde, die bei manchen Rassen häufiger auftreten. Sie suchen den Streit auch ohne besonderen Grund. Solange sie fair kämpfen, geht es ja noch. Auch Hündinnen können untereinander grundlegend unverträglich sein, besonders wenn eine von ihnen ihre »interessante Zeit« hat oder bekommt.

Vorsicht geboten ist auch bei hypernervösen Hunden, die leicht den Kopf verlieren und dann unberechenbar reagieren können. Besonders problematisch wird dies, wenn diese Veranlagung mit dem sonst so erwünschten Wehrtrieb gekoppelt ist. Ein solcher Hund ist als Familienhund ungeeignet, wird aber von Hundesportlern oft – ihrer Schärfe und wachen Gelehrigkeit wegen – sehr geschätzt. Es sollte nicht schwer sein, einen solchen Hund in diesem Kreis unterzubringen.

Kritisch kann es auch werden, wenn *zwei* Hunde *gleichzeitig* auf einen anderen losgehen. Hier kommt Rivalität ins Spiel, wodurch das ganze wohlgeordnete Instinktgefüge durcheinander geraten kann. Dann ist nicht abzusehen, wie die Begebenheit ausgehen wird. Bei den tragischen Vorfällen, bei denen kleine Kinder durch Hunde zu Schaden gekommen sind, dürfte es sich oft um solche Fälle handeln.

Deshalb sollte man nie zwei große Hunde, auch wenn sie noch so gutartig sind, in offenem Gelände gleichzeitig frei laufen lassen.

Leider kommt es gelegentlich – aber nur sehr selten – bei Raufereien zu bedauerlichen Zwischenfällen, bei denen ein Hund ernstlich zu Schaden kommt. Sie dürften nur denkbar sein bei Hunden, deren Instinktverhalten gestört ist, die also anomal sind. So ist es möglich, daß in extremen Fällen der Unterlegene zu seinem Unglück nicht fähig ist, rechtzeitig die Geste der Unterwerfung auszuführen. Mit Heldentum hat dies nichts zu tun. Oder der Stärkere kann nicht auf sie reagieren. Die Tötungshemmung versagt. *Alle diese Hunde gehören natürlich unter besondere Aufsicht.*

Verschiedene Kampfmethoden

Kraftproben sind überall in der Natur üblich; sie müssen wohl sein. Hunde tragen sie auf verschiedene Weise aus.

Echte unerbittliche Kämpfe kommen unter fremden Hunden nur äußerst selten vor. Sie setzen zwei etwa gleich starke Gegner voraus und eine Ursache für einen Streit.

Raufereien

Bei den meisten Auseinandersetzungen handelt es sich im Grunde nur um herzhafte Prügeleien, bei denen keiner der Kontrahenten den anderen ernstlich verletzen will. Dafür gehen sie meistens mit einem Höllenspektakel über die Bühne, was unerfahrene Leute natürlich im höchsten Grade erschrecken kann. Seltsamerweise ist aber gerade hier kaum ein Grund zur Besorgnis gegeben, weil alles nur ein großes Theater ist.

So spontan solche Streitigkeiten ausbrechen können, so schnell sinkt das Strohfeuer auch wieder zusammen. Man versucht, den Gegner mit Schulter und Vorderläufen zu Boden zu zwingen und noch lauter als dieser zu bellen und zu fauchen. Ernsthaft gebissen wird hierbei aber nicht. Die wild gefletschten Zähne schnappen nur in die Luft, oft sichtlich gezielt an der Nase des Gegners vorbei oder fetzen leicht in dessen Fell. Es sind eben Raufereien – nicht aber ernstgemeinte Kämpfe. Unsere Hunde scheinen sie sogar zu genießen.

Abb. 34. Man hat sich zusammengerauft.

Greift man in solche Auseinandersetzungen ein, wird dadurch der natürliche Ablauf gestört, und sie können sich dann leicht in einen echten Kampf steigern. Dies ist bestimmt nicht wünschenswert.

Interessant ist auch, daß solche Rangeleien meistens von der *rangniederen* Partei ausgelöst werden, die wohl plötzlich Angst vor der eigenen Courage bekommt.

Mit einem eindeutig überlegenen Gegner wird man keinen ernsten Kampf vom Zaun brechen. Man ist schließlich nicht lebensmüde! Wenn dieser solchen Attacken dann gelassen-überlegen standhält, ohne selbst ebenfalls aus der Haut zu fahren, so liegt dies keineswegs etwa an mangelndem Kampftrieb, wie oft naserümpfend angenommen wird. Es ist im Gegenteil ein Zeichen für absolute Souveränität, die sehr hoch einzuschätzen ist.

Es ist deshalb so wichtig, daß man Jungtieren Gelegenheit gibt, diese Kampfmethoden im Spiel zu erlernen. Damit erwerben sie sich die Sicherheit im Auftreten, die Auseinandersetzungen *vermeiden* hilft. Das mag paradox klingen. Aber die meisten Keilereien brechen dadurch aus, daß einer der Beteiligten aus Unsicherheit die Nerven verliert.

Ernste Kämpfe

Grundlegend anders sieht es bei wirklich erbitterten echten Kämpfen aus.

Ganz im Gegensatz zu den üblichen harmlosen Keilereien spielen sich diese normalerweise in einer überraschend ruhigen Form ab. Man könnte fast glauben, die Hunde wären in eine freundschaftliche Balgerei verwickelt. Die Technik ist jedenfalls die gleiche.

Der Unterschied besteht lediglich darin, daß aus dem nur markierten Zufassen beim Spiel ein fester Biß wird. Beide kämpfen ruhig und beherrscht. Sie brauchen einen klaren Kopf, um – wie bei jedem Kampf – Angriff und Abwehr der Situation entsprechend wirksam einsetzen zu können. Die Gefahr, daß sich zwei etwa gleich starke Gegner gegenseitig ernstlich verletzen, ist dabei aber lange nicht so groß, wie gewöhnlich angenommen wird. Solch ein Kampf kann allerdings, im Gegensatz zu den wilden Raufereien, eine ganze Weile dauern – so lange, bis einen der Beteiligten die Widerstandskraft verläßt. Durch eine Geste der Unterwerfung gibt er zu erkennen, daß er sich geschlagen gibt. Dies ist dann für den Sieger das unbedingt zu befolgende Signal, die Feindseligkeiten einzustellen. Bei normal veranlagten Hunden funktioniert dies auch zuverlässig.

Echte Kämpfe haben wir innerhalb unserer Meute nur unter Rivalen erlebt, wenn die Frage der Rangordnung nicht eindeutig geklärt war. Dabei mochte der akute Auslöser nur ein kleiner Ärger gewesen sein.

Unter Nachbarhunden können sich Feindschaften entwickeln, wenn sie nie Gelegenheit bekommen, sich gegenseitig näher kennenzulernen.

Soll man eingreifen?

Beißereien unter Hunden sind das Schreckgespenst der meisten Hundebesitzer. Auch wir fühlten uns lange Zeit zu einer Rettungsaktion aufgerufen, wenn sich unsere Hunde einmal ernstlich in die Wolle gerieten. In solchen Momenten fallen einem blitzartig sämtliche Greuelgeschichten über zerfetzte Ohren und tödliche Verletzungen ein, und tapfer wirft man sich ins Getümmel.

Der Trieb, unserem Hund beizustehen und vor allem zu verhindern, daß er womöglich selbst Unheil anrichtet, ist eben übermächtig. Es gehört mitunter viel mehr Mut dazu, den Dingen ihren natürlichen Verlauf zu lassen, als sich selbst unerschrocken in Gefahr zu begeben. Man ist aber offenbar nicht fähig, tatenlos dabei zuzusehen.

Bei uns mußte jedesmal nach solchen Anlässen der Tierarzt mit seinem Flickzeug in Aktion treten, um oft beträchtliche Risse im Fell zu reparieren. Bis wir kapiert hatten, daß diese nur durch unser gutgemeintes Eingreifen entstanden waren, sind *Jahre* vergangen.

Für gewöhnlich versucht man ja, durch handfesten Eingriff die Streitenden zu trennen. Um das eigene Fell nicht allzusehr zu gefährden, wird empfohlen, jeden der Hunde an Rute und einem Hinterlauf zu fassen und dann auseinander zu reißen. Als wir diese Methode zum ersten Mal versuchten, waren die Hunde so verblüfft, daß sie auch tatsächlich losließen. Aber dann nie wieder! Im Gegenteil! Sie bissen sich so richtig herzhaft fest. Kein Wunder, daß es dadurch beträchtliche Verletzungen gab.

Dasselbe erwirkt man auch leider ziemlich sicher, wenn man bei solch einem Kampf feste an der Leine zieht. Ein erregter Hund hält aus Instinkt alles fest, was ihm zwischen die Zähne gerät und Widerstand bietet. Bei der Sackhetze auf dem Übungsplatz macht man sich dies zunutze.

Hingegen werden Hunde, die sich ungehindert frei bewegen können, immer bestrebt sein, dem Zubiß des Gegners nachzugeben, wodurch der Anreiz für ein besonders hartes Beißen entfällt und ernstere Verletzungen vermieden werden.

Nachdem wir dies endlich begriffen hatten, haben wir uns nie mehr handgreiflich eingemischt, und unser Doktor brauchte nach solchen Auseinandersetzungen nicht mehr extra bemüht zu werden. Hätten wir damals den Dingen ihren Lauf gelassen, wären uns viele Unbequemlichkeiten und Aufregungen erspart geblieben. Es kann keine Ruhe geben, solange bei rivalisierenden Rüden die Frage der Rangordnung nicht geklärt ist. Und gerade das hatten wir durch unser Eingreifen immer wieder verhindert.

Etwas anderes ist es, wenn es darum geht, den *Ausbruch* solcher Feindseligkeiten *zu verhindern*.

Eine Zeitlang gab es auf unserem Übungsplatz eine Gruppe von mehreren Hündinnen und einem Rüden, der sich sichtlich als Boß fühlte. Wenn dann, nach dem offiziellen Training, die Hunde frei gelassen wurden, damit sie sich privat noch etwas »unterhalten« konnten, kam es schon mal vor, daß irgendwo eine kleine Rangelei unter den Hündinnen auszubrechen drohte. Sofort warf sich dieser Rüde in imponierende Drohhaltung und schob sich zwischen die feindlichen Parteien. Damit war der Fall erledigt. Solche Szenen konnten wir des öfteren beobachten.

Auch daran können wir uns ein Beispiel nehmen.

Bei den hier geschilderten Verhaltensweisen handelt es sich um Grundformen, die je nach Veranlagung der Kontrahenten und auch situationsbedingt variieren können.

Auseinandersetzungen mit Menschen

Keine Angst vor kritischen Situationen

Es ist keine Frage, daß ein *normal* veranlagter Hund mit einer gesunden Hemmung ausgestattet ist, einen Menschen *ernstlich* zu verletzen. Er wird normalerweise immer versuchen, sein Ziel – z.B. sein Territorium zu verteidigen – durch Einschüchterungsversuche oder auch Drohungen zu erreichen. In den allermeisten Fällen dürfte ihm dies auch gelingen. Wer legt sich schon ohne Grund mit einem wehrhaften Hund an?

Ihm diese nützliche Hemmung nehmen zu wollen ist für den Hund in Privathand bestimmt nicht wünschenswert.

In der Mehrzahl der Fälle handeln wir uns ziemlichen Ärger ein, wenn unser Hund einmal jemanden beißt. Selbst der eindringende Langfinger kann mit unschuldiger Miene alle bösen Absichten leugnen, und wir sind die Dummen.

Dabei genügt es im Privatbereich vollkommen, wenn der Hund einen Eindringling stellt oder verbellt. Hauptsache: er läßt ihn nicht herein. Das *Dingfestmachen* von Strolchen ist Aufgabe der Polizei.

In einem Ernstfall, wenn Wut oder Angst – oder auch beides – den Hund beherrschen, kann die Beißhemmung durchbrochen werden. Dies kann vor allem durch die Beeinflussung der Umwelt hervorgerufen werden. Das muß man nicht üben und sollte es auch nicht. Es ist immer besser, wenn sich der Hund auf weniger dramatische Weise durchzusetzen vermag.

Man merke sich

– Ein Hund, der etwas ernstlich verteidigen will, verhält sich ruhig und tut seine Absicht durch eine drohende Haltung, die durch Knurren unterstützt werden kann, kund.

– Wenn er hingegen lauthals bellt, regt er sich nur auf, und je rabiater er wird, um so unsicherer fühlt er sich. Angriffsabsichten liegen hier grundsätzlich nicht vor.

– Dies sind natürlich zwei grundverschiedene Regungen, die daher auch gemeinsam in Erscheinung treten können. So kommt es zum *Drohbellen*, bei dem Bellen und Knurren sich mischen. Man möchte verteidigen, fühlt sich aber im Grunde nicht stark genug dazu. Je mehr der Knurranteil überwiegt, um so stärker meldet sich der Verteidigungstrieb zum Wort.

– Trotzdem wirkt solch ein Auftritt sehr beeindruckend. Das ist ja auch der Zweck der Übung. Verliert der Kontrahent dadurch die Nerven, bekommt der Hund Oberwasser und schnappt womöglich auch mal zu.

– Harmlose Menschen fordert man ggf. am besten auf, ruhig stehenzubleiben; dann hält der Hund Abstand. Hat man es jedoch einmal mit einem Bösewicht zu tun, darf man ruhig einmal verrückt spielen. Das irritiert den Hund, wodurch seine Erregung gesteigert wird. Wer kommt aber schon einmal in diese Lage? Für gewöhnlich genügt schon die Anwesenheit eines großen Hundes als Begleiter oder im Hause, um Ganoven fernzuhalten.

– Beim Verhalten in kritischen Situationen ist jedoch nicht nur die Wesensart des Hundes allein ausschlaggebend. Auch die Begleitumstände spielen dabei mit eine Rolle.

– In Anwesenheit seines Herrn und Meisters wird sich unser Hund am besonnensten

zeigen. Auf sich allein gestellt, ist er deutlich unsicherer. Am Tage ist er unbekümmerter als in der Dämmerung oder gar Dunkelheit. Da zeigt er sich oft nervös. In unmittelbarer Nähe seines Standquartiers hat er mehr Stehvermögen als fern der Heimat. Ein satter Hund ist gelassener als ein hungriger, usw . . .
– Wir müssen dies in Rechnung stellen, wenn wir sein Verhalten beurteilen wollen. Auch sollte man bestrebt sein, seinem Hund eine Aufgabe nicht unnötig zu erschweren – im eigenen Interesse.
– Hinzu kommt noch, daß das Betragen und die Stimmungslage des Führers und der betroffenen Person den Gang der Ereignisse mitbestimmen.

Rabiat an kurzer Leine

Das Verhalten unserer Hunde an der kurzen Leine muß wohl eigenen Gesetzen unterliegen.

Als ich einmal mit meiner fünf Monate alten Zola auf den Übungsplatz kam, wurde sie von einer fremden, etwas älteren, angeleinten Junghündin mit rabiat-wütendem Gebell begrüßt. Da meine freilaufende Zola sich von diesem Theater in keiner Weise beeindruckt zeigte, überredete ich die Besitzerin der Hündin, diese doch einmal von der Leine zu lassen. Erst nach langem Sträuben fand sie sich dazu bereit. Fest davon überzeugt, daß es eine Beißerei geben würde, war sie dann höchst erstaunt, als sich ihr Schützling spornstreichs hinter ihr verkroch. Die kleine Hündin war dann aber doch – wenn zunächst auch nur zögernd – dazu bereit, mit Zola in vorsichtigen Schnüffelkontakt zu treten.

Eine Woche später hatte ich beim Betreten des Übungsplatzes auch Zola an der Leine. Dieses Mal tobte auch sie los beim Anblick der anderen Hündin, die wieder aggressiv kläffte.

Dabei war Zola absolut nervenfest und im Umgang mit anderen Hunden erprobt gutartig und zuverlässig. Angesichts dieses Theaters *mußte* man einfach glauben, daß diese beiden Hündinnen nur darauf aus waren, sich einen Kampf bis aufs Messer zu liefern.

Trotzdem wagten wir es, die beiden gleichzeitig von der Leine zu lassen, bei einem Abstand von etwa 10 m. Beide verstummten schlagartig, sprangen aufeinander zu, beschnüffelten sich in gespannter Haltung und begannen dann, vergnügt miteinander zu spielen. Und das nach dem wütenden Spektakel an der Leine.

Man muß sich wirklich fragen, warum Hunde sich so betragen? Da benehmen sich plötzlich wesensmäßig sehr gute Hunde nicht anders als die Angsthasen. Und der unerfahrene Führer muß seinen Zögling für einen schlimmen Burschen halten. Erst wenn die Leinen fallen, zeigt es sich, wie es um die Gemütsverfassung der Beteiligten wirklich bestellt ist. Wer riskiert dies aber schon?

Wir haben solche Szenen immer wieder erprobt mit den verschiedensten Hunden. Man muß allerdings dabei darauf achten, daß der Abstand beim Freilassen zwischen ihnen so groß ist, daß ein notfalls unsicherer Kandidat noch die Flucht ergreifen kann. Anderenfalls könnte dieser einen verzweifelten Angstangriff starten, was nicht sehr erfreulich wäre.

Auch unser Troll benimmt sich absolut gelassen und souverän gegenüber anderen Hunden. Bin ich aber mal aus Höflichkeitsgründen gezwungen, ihn an der Leine kurz zu fassen, ist er wie ausgewechselt.

Wenn dann ein angeleinter kleiner Kläffer nahe bei uns vorbei geführt wird, muß ich ihn sehr energisch ins Kommando nehmen – mit »Sitz – Fuß!«, »Sitz – Fuß!« usw –, wenn ich verhindern will, daß er sich ebenfalls schlecht benimmt.

Läuft der andere jedoch frei, ist er friedlich. Dann freut er sich, wenn dieser zu ihm kommt – ist aber auch zufrieden, wenn dieser sich das nicht zutraut.

Weshalb dies so ist? Ich weiß es nicht. Offenbar wirkt eben die sehr kurz gefaßte Leine auf Hundegemüter irgendwie als Aggressionsauslöser.

Hinter Zäunen

Zwingergittern, Autoscheiben bekommt man oft wildgefletschte Zähne und krause Nasen zu sehen, und man betet, daß die Barriere halten möge. Auch hier ist es so, daß das Hindernis die Hunde zu einem Verhalten veranlaßt, das sie unbehindert nicht zeigen würden. Man kann schon sagen: je größer das Spektakel, mit dem hinter dem Zaun getobt wird, um Eindruck zu schinden, um so mehr hat der »Held« es nötig! Das Ganze wirkt ja meist auch sehr einschüchternd, und diese Wirkung wird wohl damit auch bezweckt.

Farna hatte einmal ein Bellduell mit einem Nachbarshund, von dem sie durch eine Hecke getrennt war. Plötzlich standen sich die beiden an einem Loch der Hecke gegenüber. Sofort entfloh Farnas Bellkumpan in die Tiefe seines Gartens, und Farna jagte begeistert hinterher. Eigentlich sollte ein Haushund ja sein Terrain verteidigen, und es wäre verständlicher gewesen, wenn er Farna, die an diesem Ort nichts verloren hatte, davongejagt hätte.

Auch Lady hatte einmal ihren Triumph! Eines Tages stand ich mit einer Bekannten plaudernd einige Meter neben dem Gartentor einer Villa, als der Haushund des Anwesens von einem Ausflug heimkehrte. Vorsichtig schlich er geduckt bis zu seiner Pforte, schoß hindurch und begann hinter dem Zaun sein übliches Geschimpfe. Meine Lady setzte ihre Vorderpfoten auf den niedrigen Zaun, um sich das Schauspiel von oben zu betrachten. Wie der Blitz verschwand der tapfere Wächter hinter der nächsten Hausekke.

Es ist vielleicht nicht ganz leicht zu verstehen! Aber es ist nicht sehr riskant, ein Grundstück zu betreten, an dessen Zaun der Haushund ein wildes Theater aufführt. Bellt dieser jedoch beherrscht und drohend, oder verhält er sich überhaupt ruhig, so ist Vorsicht geboten! Möglich, daß er den Ankömmling freundlich begrüßt, möglich aber auch, daß er ihm einen Denkzettel verpaßt. Hundekenner verstehen sich auf die feinen Nuancen in der Haltung der Vierbeiner, aus denen man auf gute oder böse Absichten schließen kann.

Bei einer Urlaubswanderung sah ich einmal einen wunderschönen Schäferhund in einem Garten einige Meter hinter der Pforte stehen. Natürlich sprach ich ihn an und bewunderte ihn. Er schaute freundlich interessiert und wedelte. Als ich dann aber Miene machte, mich dem Gartentörchen zu nähern, verwandelte er sich urplötzlich in einen finster blickenden, in stumm-drohender Haltung verspannten Verteidiger. Das war ein Hund, wie er sein soll, liebenswürdig zu harmlosen – wehrbereit zu verdächtigen Leuten. Zu toben, hatte er nicht nötig.

Gedanken zum Schutzdienst beim Hundesport

So, wie ein großer Teil der Hundebesitzer keine Erfahrungen mit dem Problem der Hundestreitigkeiten hat, so fehlt es erst recht an Wissen um die natürlichen Verhaltensweisen der Hunde in ihrer Rolle als Wächter und Schützer der Familie und deren Hab und Gut.

Sehr viele Hundefreunde ziehen nur deshalb auf die Übungsplätze der Hundevereine, weil sie glauben, daß ihr Hund das Kämpfen bei der Schutzhundeausbildung erlernen müsse. Das kampffreudige, unerschrockene, selbstsichere Wesen ist aber eine Naturveranlagung, die zwar gefördert, nicht aber erlernt werden kann.

Daher sind die Vorstellungen über das natürliche Aggressionsverhalten nur zu oft inspiriert von der Ausbildung für den Schutzdienst beim Hundesport.

Hierbei wird verlangt, daß sich der Hund eisern am Ärmel festbeißt, weil jeder Hund, der einmal ausläßt, von einem geschickten Figuranten verjagt werden kann. Mit Feigheit hat dies nicht unbedingt etwas zu tun. Oft ist auch eine falsche Ausbildungsweise die Ursache.

In der zivilen Praxis könnte dieses fanatische Festbeißen zu bösen Folgen führen, daher die verständliche Sorge vieler Hundebesitzer.

In einem Kampf unter Artgenossen tut dies der Hund normalerweise nicht und auch nicht bei Auseinandersetzungen mit Menschen ohne Schutzarm.

Bei einem Kampf mit dem Beutetier hingegen ist dies Verhalten unbedingt richtig und notwendig. Deshalb nutzen geschickte Ausbilder den Verfolgungs- und Beutetrieb, um dem Hund dieses erwünschte Verhalten bei der Schutzdienstarbeit beizubringen. Das geht dann wie folgt vor sich:

Der angeleinte Hund sitzt neben seinem Führer. Ein Helfer mit einem Sack oder weichem Schutzärmel geht frontal auf die beiden zu, schlägt kurz vor ihnen mit einer Gerte auf den Boden und läuft davon. Der Hund wird abgeleint und unter Anfeuern hinterher geschickt. Dies zuerst auf kurze Distanz, die dann nach und nach vergrößert wird.

Bei der ersten Erprobung auf diese Art kann man gut sehen, wie es um die Zivilcourage unseres zukünftigen Helden bestellt ist. Nach Beendigung der Ausbildung verhalten sich die meisten Hunde auf die gleiche Weise.

Hier wird dem Hund vorgegaukelt, daß er nach einer Verfolgungsjagd eine Beute fängt. Diese wird dann von ihm gefaßt und geschüttelt und eisern festgehalten. Das gehört zum natürlichen Instinkt. Seine Beute hält man fest – auch, wenn sie sich kräftig wehren sollte. Das paßt ins Konzept. Der Schutzärmel wird zur Beute, die Widerstand leistet, und die Hiebe des Figuranten werden unter diesen Umständen kaum wahrgenommen.

Die Schutzdienstübungen sind für einen ordentlichen Hund eine herrliche Sache, die ihm gegönnt sein soll. Hierbei kann er sich einmal so richtig austoben, was er ab und zu einmal braucht. So können u.a. auch Triebstauungen auf erlaubte Weise abreagiert werden. Nur übertreiben sollte man den Spaß nicht – zur Leidenschaft sollten diese Raufübungen nicht werden. Und wenn dem Herrn dabei vor Stolz die Brust schwillt, so ist auch dies ein legales Vergnügen. Die ganze Geschichte hat nur den großen Nachteil, daß viele Hundebesitzer glauben, daß von Stund an das Gelernte auch im Alltag Verwendung finden kann. Man hofft es und fürchtet sich gleichzeitig davor.

Das verunsichert natürlich die Gemüter. Der Hund wird übervorsichtig gehalten, und so seiner Entwicklungsmöglichkeiten beraubt. In kritischen Momenten reagiert der Führer falsch, wodurch es leicht zu unnötigen, unliebsamen Zwischenfällen kommen kann.

Tatsächlich beißen sich Hunde normalerweise an Menschen ohne Schutzärmel nicht fest. Das wäre auch unlogisch.

Trotzdem kann man nur jedem Hundebesitzer zuraten, sich einem Hundeverein anzuschließen. Hier kann sich jeder Anfänger Rat holen. Das Üben in der Gemeinschaft hat seine besonderen Reize, und die Gespräche mit Gleichgesinnten sind eine Bereicherung. Auch für die *Erziehung* des Heranwachsenden ist die Hilfe der Kameraden eine schätzenswerte Unterstützung.

Nur sollte man sich darüber klar sein, daß die Ausbildung des Sporthundes auf den Dienst bei der Polizei ausgerichtet ist, nicht aber für die Aufgabe als Heimschutzhund!

Der Verfolgungstrieb, der hier gefördert wird, dürfte den meisten privaten Hundehaltern eher lästig sein. Der für sie so wichtige Revierverteidigungstrieb hingegen wird überhaupt nicht in das Ausbildungsprogramm einbezogen.

Unbedingt notwendig ist es daher nicht, daß der Hundehalter mit seinem vierbeinigen Kameraden auf den Hundesportplatz zieht. Nicht jeder wird Spaß daran haben. Der Hund kann auch so ein braver Heimverteidiger werden. Eine bestandene Schutzhundeprüfung erhöht allerdings zweifellos sein Prestige.

Verteidigung des Heimbereichs

Im Gegensatz zum Polizeidiensthund, der immer nur in Anwesenheit und auf Anweisung seines Führers in Aktion tritt, ist der Schutzhund in Privathand oft genug auf sich allein gestellt, was erhöhte Anforderungen an sein natürliches Selbstbewußtsein stellt.

Ein Hund mit einem guten Verteidigungstrieb und festem, sicherem Wesen wird auch ohne gezielte Hilfe seine Aufgabe als Schutzhund zu erfüllen verstehen, wenn die Zeit dafür reif ist.

Bei den übrigen empfiehlt es sich, das instinktive Abwehrverhalten zu unterstützen, indem man ihnen Gelegenheit verschafft, dieses in der Praxis zu erproben.

Dabei soll unser Hund das *Verteidigen* üben, nicht aber das *Angreifen*, wie nur zu oft geglaubt wird. Die Erfahrung muß ihn lehren, daß seine Verteidigungsaktion respektiert wird. Das stärkt ihm das Rückgrat.

Im Endeffekt soll der Hund dem Eindringling den Weg versperren, sei es durch drohendes Bellen dicht vor ihm stehend oder durch Knurren. Dies wäre das ideale Verhalten, was aber sicher nicht von allen Hunden erwartet werden kann. Bei der Ausbildung ist gezielt darauf hin zu arbeiten.

Schon unser Hundekind nehmen wir mit, wenn an der Haustür oder am Gartentor geklingelt wird. Es soll sich von Anfang an mit dieser Situation vertraut machen.

Hinter verschlossenen Türen wird vielfach erst mal gebellt. Beim Öffnen der Tür hört dies für gewöhnlich sofort auf. Angriffsabsichten liegen hier ohnehin nicht vor, und die neue interessante Lage fesselt seine Aufmerksamkeit.

Normalerweise betragen sich die meisten kleinen Hunde Ankömmlingen gegenüber neutral, solange ihr Revierverteidigungstrieb noch nicht erwacht ist. Zeigt sich ein Hundekind dabei aggressiv, so regt ihn das Ganze mehr auf, als die Sache wert ist.

Dann muß diese Situation so lange geprobt werden, bis der Kleine imstande ist, sie besonnen durchzustehen. Hier hilft die Gewohnheit schon viel. Vor allem ist der Umgang mit fremden Menschen systematisch zu pflegen, bis er unbefangen ist.

Solange unser Hund noch rabiat wird, wenn wir neben ihm stehen, müssen wir damit rechnen, daß er sich aus dem Staub macht, wenn er auf sich allein gestellt ist. Hier wohnen meist scheinbare Angriffslust und spontane Fluchtbereitschaft dicht beieinander.

In dieser ersten Ausbildungsphase kommt es darauf an, dem Hund seine Unsicherheit gegenüber hereinkommenden Fremden zu nehmen.

Um solche Übungen durchführen zu können, werden ein paar Helfer benötigt, die mit Hunden umgehen können und die sich ggf. nicht gleich ins Bockshorn jagen lassen.

Außerdem muß der Hund seine Erfahrungen an seinem späteren Einsatzort machen. Dort hängt es natürlich von den jeweils gegebenen Umständen ab, wie man vorgehen kann.

Wir hatten z.B. einen Vorgarten, in dem der Hund Wache schieben sollte. Der Helfer klingelte und betrat sofort den Garten. Gleichzeitig kam ich mit meinem Hund aus dem Haus und ging auf den Besucher zu.

Es gab Jungtiere, ca. 3½–4 Monate alt, die beim ersten Mal sofort zu dem Helfer hinliefen und kurz vor ihm stehenblieben, ohne zu bellen. Andere stürzten los und verbellten ihn. Es gab auch solche, die mir an den Fersen kleben blieben, manche bellend – manche schweigend. Wurden diese Übungen wiederholt, besserte sich das Verhalten von Mal zu Mal.

Der Helfer soll nichts weiter tun, als ruhig stehenzubleiben. Er darf sich weder verblüffen lassen noch angreifen. Beides könnte den Hund zum Angriff veranlassen.

Wenn der Hund ihn umkreist, muß er dieser Bewegung folgen, um damit immer »in Front« zu bleiben. Viele Hunde zwicken doch mal gern zu, wenn sie jemanden hinterrücks erwischen können.

Mit überaggressiv veranlagten Hunden, die den Helfer dichtauf wütend verbellen und wohl auch einmal angreifen, muß mit dem Beißkorb gearbeitet werden. Er ist ein gutes Hilfsmittel, um Überaggressivität abzubauen. Er ist keineswegs ein Marterinstrument, wie gefühlvolle Menschen zu glauben geneigt sind. Wenn er kurzfristig, in prekären Situationen, benutzt wird, vergessen Hunde sogar, daß sie ihn tragen. Harmlose Menschen anzugreifen ist kein Heldenstück. Diese Hunde haben einen ausgeprägten Revierverteidigungstrieb, der natürlich erwünscht ist. Es hapert aber noch mit dem nötigen Selbstbewußtsein. Je mehr Selbstbewußtsein im Auftreten gegenüber fremden Besuchern unser junger Hund entwickeln kann, um so besser wird er später einmal seine Aufgabe als Schutzhund bewältigen können.

Erst wenn sein Verteidigungstrieb erwacht ist, können wir ein Abwehrverhalten erwarten. Dieser Zeitpunkt ist individuell sehr verschieden. Da muß man u.U. einige Geduld haben.

Sobald dann der junge Hund das von uns gewünschte Verhalten zeigt, nehmen wir mehr und mehr Abstand von der Szene. Klappt die Sache auch ohne unsere Mitwirkung, proben wir in der Dämmerung – später bei Dunkelheit.

Aber so schnell, wie sich diese Anweisungen lesen, geht die Ausbildung natürlich nicht vonstatten. Diese Entwicklung geht ganz langsam, Schritt für Schritt und kann viele Monate dauern. Erst vom vollausgereiften Hund können wir vollen Einsatz erwarten.

Unser Wachhund

Hunde haben einen sehr leichten Schlaf. Auch ein wenig bellfreudiger ist sofort da, wenn ein ungewohntes Geräusch von seinem Gehör aufgefangen wird. Ob er dieses auch meldet, hängt nicht zuletzt von der Gemütsverfassung ab, in der er sich gerade befindet. Jedes ungewohnte Geräusch ist – besonders bei Nacht – beunruhigend. Für unsereinen genauso wie für unseren Hund. Er wird dies melden, solange diese Beunruhigung nicht in Angst ausartet. Fürchtet er sich, wird er sich mucksmäuschenstill verhalten – das würden wir auch tun. Es sei denn, er fühlt sich unmittelbar bedroht. Auf *Zwingerhunde*, die am Tage so schön Radau schlagen, ist sehr oft bei Nacht kein Verlaß mehr. Um nächtlicherweise melden zu können, benötigen sie viel mehr Zivilcourage als ihr Kumpan, der im Hause schlafen darf.

Meistens glaubt man ja, daß Hunde der nervösen Sorte, die beim geringsten Anlaß in Gebell ausbrechen, die besten Wachhunde sind. Nach unseren Erfahrungen stimmt dies keineswegs.

Wir hielten viele Jahre vier Schäferhunde, von denen nachts drei in Zwingern schliefen. Wenn Dally und Farna nachts mal bellten, wußten wir genau, da war irgendein Getier aufgekreuzt – Igel, Hase, Katze etwa. Eines Nachts aber bellte nur unser Filou – *von den beiden anderen war nichts zu hören*. Er bellte auch nicht aufgeregt, sondern dumpf und drohend. Mein Mann schaute nach – konnte aber nichts entdecken. Am nächsten Morgen erfuhren wir, daß im Nachbarhaus – ca. 40 m entfernt – eingebrochen worden war.

Wer sich einen guten Wachhund wünscht, muß seinen Kameraden entsprechend seiner Wesensart stationieren. Er sollte nachts sinnvoll untergebracht werden und zwar so, daß er, wenn es einmal brenzlig wird, weder in Angst gerät und sich verkriecht, noch sich allzu sicher fühlt und in aller Unschuld keinen Mucks tut. Es ist die Stimmungslage zwischen Angst und Überlegenheit, die hier die gewünschte Beunruhigung bewirkt.

Das muß ausprobiert werden. Unser Wächter soll ja auch nur das Ungewöhnliche melden, von vertrauten Geräuschen jedoch keine schlafraubende Notiz nehmen. Deshalb muß u. U. sein Schlafplatz verlegt werden. Allzu »wachsame« Hunde läßt man näher beim Herrn schlafen – allzu gleichgültige weiter von ihm fort. Es ist auch möglich, daß im Laufe der Entwicklung Korrekturen vorgenommen werden müssen.

Schlußwort

Damit möchte ich meine Ratschläge für die Erziehung unserer Hunde abschließen. Zu diesem Thema wäre noch vieles zu sagen. Jeder Hund ist nun mal anders und jeder Hundeführer auch. Es kann immer wieder andere, neue Probleme geben. Hinzu kommt noch, daß auch die Umweltbedingungen sehr verschiedenartig sein können. Es ist unmöglich, auf alle diese Gegebenheiten einzugehen. Deshalb können hier nur Richtlinien abgesteckt werden.

Der Leitgedanke für das Erziehungsziel in dieser frühen Entwicklungsperiode aber muß sein, *Selbstbewußtsein und Selbständigkeit des kleinen Hundes aufzubauen und zu festigen.*

Die charakterlichen Anforderungen, die an den Schutzhund für den Privatgebrauch zu stellen sind, werden oft unterschätzt. Auch ich habe eine Zeitlang naserümpfend auf jeden »Nur-Haushund« hinabgesehen. Inzwischen habe ich diese Einstellung gründlich ändern müssen.

Polizeidiensthunde und Leistungssporthunde haben es im Grunde viel leichter, ihre Aufgabe zu erfüllen. Sie brauchen nur in Anwesenheit und auf Anweisung ihres Führers ein einstudiertes Verhalten auszuführen. Hier ist vor allem Fügsamkeit eine wünschenswerte Charaktereigenschaft.

Der Schutzhund in Privathand ist oft genug auf sich allein gestellt, wenn er sich einsetzen soll– und das womöglich auch noch bei Dunkelheit. Deshalb ist es für ihn so wichtig, daß er schon früh zu einer gewissen Selbständigkeit erzogen wird.

Sachregister